Hansson · Nietzsche

Ola Hansson

Nietzsche

Aus dem Schwedischen übersetzt
und herausgegeben von
Erik Gloßmann

BOER

Abbildung Schutzumschlag: Nietzsche, Gipsbüste von Max Klinger, Weimar, Nietzsche-Archiv. Abbildung Frontispiz: Ola Hansson, Porträt von 1889, aus: Ola Hansson, Samlade skrifter, Stockholm 1920

Gesamtherstellung: Boer Verlagsservice, Grafrath
ISBN 978-3-924963-81-1
www.boerverlag.de

INHALT

Friedrich Nietzsche
Seine Persönlichkeit und sein System

[1889/90]

Es gibt nichts, dem Nietzsches Dichtung so gleicht wie dem Meer, dem großen Meer.

Das Meer – das ist der unbeschränkte Ausblick, das Symbol der Unendlichkeit, das Grenzenlose für Auge und Gedanke. Das Meer – das ist der ständige Wechsel, der unsterbliche Proteus, der jeden Augenblick die Gestalt verändert und sich noch nie dem Verstand in die Hände gab. Das Meer – das ist das Unergründliche, das mystisch Lockende, Daphne, der die Menschheit von Ewigkeit an nachsetzte und die sich immer wieder fangen ließ, um den Liebenden zu narren, der sich glücklich glaubte, und ihre Zauberkraft aufs neue an anderen auszuüben. Das Meer – das ist die grandiose Schönheit der Majestät in Mondscheinnächten, Sturmtagen und Morgenröten, das größte aller Raubtiere der Erde, ein sagenhaftes Raubtier, das aus schäumendem Rachen brüllt, so daß das Echo über die Welt rollt, eine Riesenschlage, die sich um die Länder schlingt, glitzernd und blinkend in der Sonne mit ihrer feuchten, blanken Haut. Das Meer – das ist der große Einsame, der Eremit im Schweigen der Wüste mit jahrhundertlangen Monologen. Das Meer – das ist, was da war von Anbeginn der Zeiten, der Urembryo alles Existierenden, der fruchtbare Allmutterschoß. Das Meer – das ist das gierige wilde Tier, das Leben verschlingt wie es Leben hervorbringt, gedankenlos, gleichgültig, unbekümmert; auf seinen langen Wogen rollt es Leichen und junges Leben durcheinander, Schönheit und Auswurf. Das Meer – das ist der stolzeste aller Herren, dem alles gering ist und der mit den Menschen spielt wie die Riesenkinder der Sage. Das Meer – das ist schließlich die ewige Gesundheit, das beste Salz und der Sauerteig der Geschlechter, das Bad, dem die Menschheit immer wieder verjüngt entsteigen kann.

Das alles ist das Meer. Deshalb gibt es nichts, dem Nietzsches Dichtung so gleicht wie dem Meer, dem großen Meer.

I.

Innerhalb der Elite der Menschheit, die von den bahnbrechenden Geistern, den Kulturheroen, gebildet wird, gibt es zwei Hauptgruppen und zwei Grundtypen. Einerseits die, welche eine Strömung beschleunigen und einen Zeitcharakter in schärferem Relief hervortreten lassen, die, welche das Ideal abschließen und vollenden, dem die unmittelbar vorhergehenden Generationen nachstrebten, die, welche sehr wohl an der Spitze des großen Zuges wandern, aber in der Richtung, die die Massen nehmen. Auf der anderen Seite stehen jene, die gegen den Strom schwimmen und sich der blinden und im gewohnten Gleise voranstürmenden Menschheit entgegenstemmen, um sie aus dem hypnotischen Schlafwandeln zu wecken, in dem sie dahinzieht, Augen und Gedanken auf einen blinkenden Punkt gerichtet, den sie so lange angestarrt hat, bis ihre Sinne vernebelt wurden und die Welt in ihrer ganzen Breite außer diesem einen kleinen Punkt verschwand, die Umgestalter der Grundwerte, die Neubauer der Kultur, die geistigen Entdeckungsreisenden, die der Entwicklung neue Bahnen weisen und dem Menschengeschlecht neue Suggestionen geben. Die ersteren bilden die Schlußglieder in einer Kette, sie sich durch vergangene Zeiten erstreckt und abgerollt hat; die letzteren bilden das scheinbar kleine Knäuel, das sich erst abwickeln und der suchenden Menschheit den Weg im Labyrinth der kommenden Zeiten zeigen soll.

Die großen Vollender und Führer können heute ein schweres Los haben, aber sie sind sicher, daß sie morgen kanonisiert werden – von der treuen Anhängerschar, die ihren Spuren gefolgt und sich bald von einer Minorität zur Majorität ausgewachsen hat. Die anderen, die Entdecker, die Propheten, rechnen in größeren Zeiträumen. Sie gleichen Leuchtfeuern, die ihren Schein über das Weltmeer bis an den fernsten Horizont werfen, und ihre Seherworte verklingen anfangs in menschenleeren Wüsten gleich dem Flügelschlag der großen Meervögel über unendlichen Wasserflächen. Die einen sind groß nach dem Maße des Tages, die anderen werfen ihre Schatten über Jahrtausende. Die einen sind einen Kopf größer als alles Volk, das sie umgibt, und damit ist ihre Größe gekennzeichnet. Die anderen dagegen sind Riesengestalten, deren Scheitel das Himmelsgewölbe berühren; auf der Grenzscheide der Kulturepochen stehend, können sie in weiter Ferne von der vorandrängenden Menschheit wahrgenommen werden, und sie erscheinen ihr auch dann noch unwirklich gigantisch, wenn Jahrtausende vergangen sind und an einem neuen Horizont bereits eine neue Riesengestalt auftaucht.

Ich habe diese Aufteilung der großen Geister der Menschheit in zwei Gruppen absichtlich vorgenommen und hervorgehoben, weil ich glaube, daß Nietzsches kulturgeschichtliche Bedeutung und Mission nur auf diese Weise präzisiert werden kann. Zum selben Zweck kann man auch Nietzsche mit seinesgleichen unter den übrigen modernen Kulturvölkern zusammenstellen. Frankreich hat in Taine einen ebenso typischen Träger des gallischen Rassencharakters wie England in Mill und Darwin typische Repräsentanten des angelsächsischen. Taines besondere Leistung für die menschliche Kultur besteht darin, daß er bei der Behandlung historischer Stoffe die exakte Methode der Wissenschaft unserer Zeit mit der konkreten Anschaulichkeit verschmolzen hat, nach der die Kunst der Gegenwart strebt. Mills Ruhm und Wesen als Kulturheros läßt sich darin zusammenfassen, daß er mit Wiederaufnahme der allgemein humanitären Prinzipien des achtzehnten Jahrhunderts die gesamte Demokratisierungsarbeit der Gegenwart auf allen Gebieten – politisch, moralisch, sozial – in ein System gebracht und wissenschaftlich begründet hat. Darwins Größe besteht darin, daß seine Produktion die Riesenblume symbolisiert, die das moderne Ideal wissenschaftlicher Forschung nach langem, langsamem Wachstum endlich hervorgebracht hat: das Ideal des nüchternen, faktischen, begrenzten Denkens als einzige Quelle und einzigen Weg zur Wahrheit. Diese drei Männer haben den Charakter und die Tendenz der Zeit verkörpert, vertieft, vervollkommnet und zu Klarheit und Reife gebracht; sie stellen die Idealtypen der geistigen Mächte dar, die dem modernen Leben seine Physiognomie geben. Ihr Gegensatz liegt im Ablauf ein relativ kurzes Stück hinter ihnen; der neue Gegensatz, der sie seinerseits ablösen soll, liegt ebenso nahe vor ihnen in der Zukunft. Ihre Wirksamkeit ist wie eine kleine Welle auf dem großen Ozean der Entwicklung, die sich fern des zentralen Sturmherdes bildet, von dem die großen Wogen ausgehen.

Als ein solcher Sturmherd und Ausgangspunkt großer Wogen erscheint mir Nietzsche.

II.

Friedrich Nietzsche wurde am 15. Oktober 1844 in Röcken bei Lützen geboren. Bezeichnend, daß er ein Landsmann von Max Klinger ist, bei dem sich ebenso wie bei Nietzsche die subjektive Phantasie zur Alleinherrscherin machte, in ihrer eigenen Welt lebend, sich selbst Gesetz und Norm, in eigenmächtigem Trotz und aristokratischer Verachtung für alles und alle. Seine Kindheit verfloß in der kleinen Stadt Naumburg an der Saale, wo sein Vater Pfarrer war. Unter den Vorfahren hatte es sowohl väterlicher- als auch mütterlicherseits außerordentlich viele Kirchenhirten gegeben, so erhielt das Elternhaus seine Prägung, und Nietzsches erste Eindrücke wurden durch die christliche Frömmigkeit und Kleinbürgerlichkeit vieler Generationen bestimmt. Das war die geistige Atmosphäre, die er täglich atmete, die seine Seele durchdrang. Dies muß man immer im Auge behalten, um die schmerzliche Raserei ganz verstehen zu können, mit der er später das Christentum und die bürgerlichen Ideale angriff: Es war ein Akt, der ihm bis ins innerste Wesen weh tat, denn es handelte sich darum, den Nabelstrang zu durchschneiden, der ihn mit seiner Familie und der ganzen Tradition verband, die mit seinem eigenen Organismus verwachsen war und ihn völlig durchdrungen hatte.

Seine ersten Studien machte er in Bonn unter dem berühmten Philologen Ritschl; als der bewunderte Lehrer später nach Leipzig ging, folgte ihm der junge Nietzsche nach. Ritschl setzte außerordentliche Hoffnungen auf diesen Schüler, und auf seine Empfehlung hin wurde Nietzsche, noch bevor er zum Doktor promoviert hatte, als Professor nach Basel berufen. Das war im Jahre 1869. Als der deutsch-französische Krieg ausbrach, ging der junge Professor als freiwilliger Krankenpfleger mit dem Heer; nach Kriegsende kehrte er nach Basel zurück. Dort verblieb er auf seinem Posten bis zum Jahre 1877, als er sich aus gesundheitlichen Gründen genötigt sah, seinen Abschied zu nehmen, den er mit voller Pension von der Stadt Basel erhielt. Danach führte Nietzsche ein Zugvogelleben im Süden, in der Schweiz, Südfrankreich und Italien, bis zur Schlußkatastrophe seines tragischen Lebensschicksals. In seiner Familie war die Disposition für Geisteskrankheiten auf väterlicher wie auch auf mütterlicher Seite über Generationen vererbt worden. Sein Vater war früh dem Wahnsinn zum Opfer gefallen. Nietzsche wußte, daß dieses Damoklesschwert über seinem Haupte hing, und er wurde von der angstvollen Spannung, wann der dünne Faden reißen könne, verzehrt. Es war erst im vorigen Jahr, daß Gott Fatum ihn traf, diesen letztgekommenen unter den großen Männern des Geistes, denen die Nornen den schrecklichsten alle Tribute abfordern für das Genie, das sie ihnen verliehen.

Eine Familie, die mit Nietzsche von seiner Kindheit an verkehrte, hat mir mit bereitwilligem Entgegenkommen einen Teil an Daten und kleinen Zügen mitgeteilt, die von höchstem Wert für seine Charakteristik sind, obgleich ich aus natürlichen Ursachen den definitiven Abguß der Statue noch nicht herstellen kann.

Nietzsche wuchs in einem Kreis auf, der fast ausschließlich aus Frauen bestand; er wurde von Frauen erzogen und verkehrte mit Frauen: Mutter, Schwester, näheren und entfernteren weiblichen Verwandten, Nachbarinnen. Hierin hat man zuerst die Wurzel und die Ursache für den Feminismus zu suchen, der sich in seiner Vorliebe für äußere Form und Verfeinerung äußerte und während seiner Jugendjahre in peinlich soignierter Kleidung und Wohnungseinrichtung zutage trat, obgleich natürlich auch sein artistisch wählerischer Geschmack und Schönheitssinn ihren Anteil daran gehabt haben. Aber diese Tatsache erklärt auch die Gewaltsamkeit in der Antipathie gegen das weibliche Geschlecht und alles, was damit zusammenhängt, die so grell in seiner späteren Produktion hervortrat, wie auch die Brutalität in dem durchgängigen Rückschlag, der in seiner zweiten Lebenshälfte stattfand und sich in einer diogenesartig kynischen Einfachheit in Lebensbedürfnissen und Lebensgewohnheiten äußerte. Die Frauen fuhren indessen fort, eine dominierende Rolle in seinem Leben zu spielen. Es ist nicht unwahrscheinlich, daß es der Einfluß seiner eigenen Schwester war, der hierbei bestimmend wirkte, auch nachdem sie persönlich aus seinem Gesichtskreis verschwunden war. Auch sie scheint ihrerseits in vollem Maße die geistige Energie und das Feuer des Bruders besessen zu haben; zwischen den Geschwistern gibt es lediglich den Unterschied, daß s i e das gute Material zu Leben formte, welches er zu Gedanken und Dichtung verarbeitete. Als junges Mädchen zeichnete sie sich – wie der Bruder in seiner ganzen Produktion – durch heftige, unvermittelte Schwingungen zwischen Extremen aus; sie konnte beispielsweise von enthusiastischer Arbeit für die Sonntagsschulen zu fanatischem Wagnerianismus übergehen. Später schwärmte sie für den durch die antisemitische Bewegung bekanntgewordenen Bernhard Förster, und zwar zu der Zeit, da dieser eine führende Position in diesem Streit einnahm; als Förster sein Vaterland verließ, um die Kolonie Nuova Germania in Paraguay zu gründen, folgte sie ihm als seine Ehefrau ins Exil. Man kann verstehen, welchen tiefgreifenden Einfluß die unmittelbare Nähe eines solchen Frauencharakters auf Nietzsche gehabt haben muß. Obwohl Nietzsche nie eine dauerhafte intime Verbindung mit dem anderen Geschlecht knüpfte, umgab ihn doch die unbestimmbare Atmosphäre, in der Frauen gern atmen. Daher bestand auch während seines gewöhnlichen Winteraufenthalts in Nizza sein Umgang im Hotel zum größten Teil aus Frauen. Unter ihnen befanden sich die hervorragendsten, die das moderne Deutschland hervorgebracht hat, zum Beispiel Fräulein von Meysenbug, die Verfasserin der »Memoiren einer Idealistin«, die als eine überlebende, respekteinflößende Repräsentantin der Ideen von 1848 sicher einen nicht unbedeutenden Beitrag zum Seelenleben des neuen Revolutionärs geleistet und ihm gleichzeitig indirekt zur Klarheit über das viele Naturwidrige in der modernen Frauenemanzipationsbewegung verholfen hat.

Einer der stärksten Züge in Nietzsches Persönlichkeit war seine Abneigung gegen alles, was, wenn auch noch so schwach, an Zwang erinnerte. Diese Antipathie konnte zuweilen recht seltsame Formen annehmen. Während seines langjährigen Aufenthalts in der einsamen Gebirgsgegend von Sils-Maria, wo er wie ein moderner Eremit allein mit sich und der Natur lebte, pflegte er, in Meditation versunken, auf einer grün bewachsenen Landzunge zu liegen, die in den See hineinragte. Als er eines Frühlings wiederkehrte, entdeckte er an dem heimlichen Platz eine Bank, auf der triviale Menschen sitzen konnten – an dem Ort, der bis dahin allein seinen eigenen verborgensten Gedanken und Visionen vorbehalten war. Und der Anblick dieser allzu menschlichen Einrichtung genügte, ihm den so geliebten Aufenthalt zu verleiden. Er setzte niemals mehr seinen Fuß dahin.

Der Widerwille gegen jede Art Zwang, die seinem Wesen innewohnende Forderung nach absoluter Ungebundenheit, drückte sich auch in seiner Weise zu schreiben aus. Bekanntlich sind alle Bücher nach der großen Krise seines Lebens, die durch die Abkehr von Wagner bezeichnet wird, Konglomerate von Aphorismen. Es ist begreiflich, daß seine Arbeiten diese und keine andere Form bekommen mußten, wenn man bedenkt, wie sie komponiert wurden. Nietzsche verfaßte alle seine späteren Werke stehenden Fußes in der freien Natur, während seiner Spaziergänge in den Schweizer Bergen oder in Ruhestunden in einer italienischen Landschaft. Da hielt er in Worten auf den losen Blättern seines Notizbuches das ganze kunterbunte Gewimmel von Gedanken, Ideen, Vorstellungen und Aperçus fest, das während eines solchen Dolce-far-niente-Lebens durch seine Seele zog. Deshalb vermochte er es nie, seine epochemachende Weltanschauung zu einem abgeschlossenen und abgerundeten System zusammenzudrängen; dafür hat jeder noch so kleine Satz von seiner Hand ein unvergleichlich frisches Aroma, eine Freiluftstimmung von Morgensonne und jungem Grün.

III.

Nietzsche zog die allgemeine Aufmerksamkeit zum ersten Mal durch eine Kritik über David Strauss auf sich (*»David Strauss, der Bekenner und der Schriftsteller«*). Das Buch ist eine einzige große Abrechnung. Nietzsche geht so unsanft zu Werke, daß zum Schluß kein einziger Stein vom Strauss'schen Gebäude übrigbleibt und das Strauss'sche Ideal in Fetzen hängt wie eine Vogelscheuche. Strauss ist ein schlechter Stilist, ein schlechter Forscher, weder ein bahnbrechender Geist noch ein klassischer Schriftsteller – das ist das Resultat dieses monographischen Pamphlets.

Was war und bedeutete Strauss für Nietzsche? Warum wurde gerade er das Opfertier, das der junge Häuptling den zornigen Göttern schlachtete?

Er war der Bildungsphilister – ein Ausdruck, an den Nietzsche schon in seinem ersten Buch mit stolz Anspruch auf Vaterschaft erhebt. Der Bildungsphilister – das ist der geistige Tagelöhner, der Plebejer in der intellektuellen Gesellschaft, das jämmerliche Seitenstück zum Arbeitssklaven. Er meint, daß die höchste Gewißheit von den dahingeschiedenen nationalen Größen ein für allemal gefunden sei. Diese verstorbenen großen Männer verehrt er als diejenigen, welche die Wahrheit gefunden und nicht als die, welche die Wahrheit gesucht haben. Mit gebeugtem Rücken rackert er sich ab im Schweiße seines Angesichts. Er hat **einen** unversöhnlichen Feind vor allen anderen: die freie Intelligenz, den großen Einsamen, der nicht auf der Landstraße zu finden ist, den suchenden Geist, den die Philister der Zukunft ihrerseits als denjenigen anbeten werden, der die Wahrheit gefunden hat. Er ist groß in Worten, um zu verbergen, wie klein er in Taten ist; er ist gewagt in Kleinigkeiten, scheut aber vor weitreichenden Folgerungen zurück (zum Beispiel ein Darwinist, der das Papsttum, das Wunder, die Auferstehung als »welthistorischen Humbug« angreift, anstatt die ethischen Konsequenzen des Darwinismus zu ziehen). Er liebt die Unfruchtbarkeit, da er glaubt, daß die Wahrheit schon gefunden ist. In der modernen Bildung ist für ihn das Kulturideal bereits erreicht. Die einzige Äußerung geistigen Lebens, die er selbst beherrscht und die allein er deshalb bei anderen duldet, ist: die epigonenhafte Nachahmung der klassischen Meisterwerke und die sklavische Nachbildung des zeitgenössischen Alltagslebens, alles andere ist Konterbande.

Strauss war für Nietzsche der Bildungsphilister an sich, Haupt und Abgott aller Philister. Er ist der Philister als Religionsstifter, der zum Schwärmer gewordene Philister, der Verkünder des traurigen Evangeliums der Philisterkultur.

Nietzsches nächste Arbeit war eine Kritik über das historische Studium der Gegenwart (*»Vom Nutzen und Nachteil der Historie für das Leben«*). Er findet, daß es übermäßig und falsch betrieben wird. Es ist zu keinem Nutzen, wenn es nicht befruchtet, Zukunft zeugt. Die Gegenwart leidet an einer Übersättigung durch historische Bildung; sie ist nichts als Wissenschaftsluxus, bunte, übergeworfene Fetzen; der moderne Mensch ist durch sie als Persönlichkeit geschwächt worden. Er hat sich zum bloßen Zuschauer gewandelt, ohne Vermögen zur Initiative, ein steriler Eunuch, eine fleischgewordene Enzyklopädie, die mit der Objektivität protzt, ein konkretes Abstraktum. Indem die Gegenwart die Geschichte zu einer Wissenschaft macht, handelt sie getreu dem Wahlspruch: »Fiat veritas, pereat vita«. Der gepriesene historische Sinn macht das Geschlecht passiv und retrospektiv. Man brüstet sich damit, alles zu verstehen, alles objektiv zu nehmen, den Ursprung von allem zu kennen. Man kann sich über nichts mehr aufregen, denn alles ist mit Notwendigkeit so wie es ist. Man kann nichts vorzugsweise lieben, denn man ist gleich empfänglich für die eigentümliche Schönheit in jeder Stilform. Der Mensch steht auf der Spitze der beispiellosen Entwicklungspyramide, als Schlußstein des Weltprozesses, als das Wesen, in dem dieser Prozeß zum Bewußtsein seiner selbst gekommen ist, und indem er von dieser imponierenden Höhe die Entwicklungskette sich rückwärts bis in den Urschleim abrollen sieht, ruft er voller Stolz: Wir sind am Ziel, wir sind die vollendete Natur! Aber darauf antwortet Nietzsche: »Dein Wissen vollendet nicht die Natur, sondern tötet nur deine eigene. Miß nur einmal deine Höhe als Wissender an deiner Tiefe als Könnender«. Ein historisches Phänomen, das in ein Wissensphänomen aufgelöst wurde, ist unfruchtbar für den, der es analysiert hat: es hat seine Keimkraft verloren, wie das zu Mehl zermahlene Korn. Die ausschließlich kritische Auffassung der Geschichte ist eine Lebensabrechnung der Menschheit, eine Schlußrechnung, auf die keine Zukunft folgen kann. Die gepriesene Bildung der Gegenwart ist keine Bildung, sie ist nur ein Wissen um Bildung. Sie kann Gelehrte und Philister hervorbringen, aber sie kann nicht Menschen schaffen, Individuen, die ihrerseits Geschichte machen, solche Kämpfer gegen die Geschichte, gegen die faktische Wirklichkeit, die sich wenig um das »So ist es« kümmern, sondern mit ihrer ganzen aufgesparten Energie und Lebenslust nach ihrem starken, trotzigen, bejahenden »So soll es sein!« handeln.

In dieser negativen Form von Kritik und Satire hat Nietzsche zwei positive Ideale aufgestellt: eine neue Kultur und neue Menschen. Man braucht die Medaille nur umzudrehen, um anstelle der Karikatur des bekämpften Ideals das neue Bild geprägt zu finden. Und auf dem leeren Grundstück, wo das alte Haus gestanden hat, führt Nietzsche in seinen zwei folgenden Arbeiten ein vollständiges Gebäude im neuen Stil auf (*»Schopenhauer als Erzieher«* und *»Richard Wagner in Bayreuth«*). Die Kultur, der das Geschlecht nachstreben soll, die echte Kultur, die Kultur der Zukunft, findet sich vorgebildet in Wagners Kunst, und Menschen, die imstande sind, diese Kultur zu veranstalten und lebendig zu machen, können in Schopenhauers Schule gebildet werden.

Bei diesen beiden Meistern können wir lernen, »unzeitgemäß« zu werden, uns gegen unsere Zeit zu erziehen. Sie sind die großen und guten Vorbilder, nicht nur in ihren Werken, sondern im Leben. Sie besitzen die Ehrlichkeit, die nicht aus Rücksicht schielt; ihnen ist die Munterkeit des Siegers eigen. Sie haben ihre Brust kühn der Zeit entgegengestellt; sie sind in die Wüste gegangen und hatten keine Angst davor, einsam zu sein. Sie sind die Starken, die siegend aus allen Gefahren hervorgingen. Sie sind der moralischen und intellektuellen Verknöcherung entronnen; sie ließen sich nicht in die Form kneten, die den gebildeten Menschen des Tages als die einzig richtige gilt; sie stellten in sich selbst das Vorbild für das Geschlecht der Zukunft dar.

Sie waren die echten Kulturpersönlichkeiten angesichts der zahllosen kleinen Propheten der »Bildung«, dieses goldenen Kalbs, um das die Zeitgenossen tanzen, des Götzenbildes, das die Spießer in ihrem Allerheiligsten aufgestellt haben und vor dem die Plebejer den Rücken krümmen. Es ist eine barbarische Gottheit, diese »Bildung«, ein Fetisch in bunten Flicken aus aller Herren Länder, mit Zügen aus allen Zeitaltern der Geschichte. Sie ist lustig anzusehen, aber unter dem Flitter liegt ein mit Lumpen und Abfall ausstaffiertes Skelett. Dieser »Bildung« gilt es die rechte Kultur gegenüberzustellen; eine Lebenskraft, die aus einem Zentrum wirkt, aus einem Herzen in alle Teile des Organismus, und alles, Großes und Kleines, in Übereinstimmung mit dem lebendigen Typus gestaltet: Leben, Denken, Kunst, Sitte, Tracht, Rede. Denn Kultur ist der einheitliche Stil in allen Lebensäußerungen eines Volkes; und was das moderne Leben kennzeichnet, ist eben Stillosigkeit, das chaotische Durcheinander aller Stile. Kultur ist etwas anderes als eine Dekoration des Lebens, »Kultur ist eine neue und verbesserten Physis, ohne Innen und Außen, ohne Verstellung und Konvention«, eine alles durchdringende Einheitlichkeit.

Der Durchschnittsmensch kann sich nicht aus eigener Kraft zum Träger einer solchen Kultur erziehen; dazu bedarf er der Lehrer, Helfer, der großen Vorbilder. Solche Lehrer, Helfer und großen Vorbilder sind Schopenhauer und Wagner, der eine mit seiner metaphysischen Betrachtung des Daseins, der andere mit seiner tragischen Gesinnung. Was den Menschen vom Tier unterscheidet, ist sein Vermögen, sich durch die metaphysische Auffassung des Daseins über sein Leiden zu erheben. Alle Entwicklung sollte darauf hinauslaufen, vom Tier zum Menschen aufzusteigen. Aber gewöhnlich bleiben wir auf dem Niveau des ersteren stehen; nur in ganz vereinzelten Augenblicken erreichen wir ein höheres. Selbst sind wir zu schwach dazu; wir müssen von anderen emporgehoben werden, und diese anderen sind die, die nicht länger Tiere sind: die Philosophen, die Künstler, die Heiligen. Sie allein können uns die großen Ausblicke über das Leben vermitteln, die metaphysische Betrachtungsweise, die tragische Gesinnung. Das ist der Grundgedanke aller Kultur: den Philosophen, den Künstler, den Heiligen hervorzubringen. In unserer gewöhnlichen Geistesverfassung können wir diese Aufgabe nicht erfüllen, und darum hassen wir uns; das ist die Wurzel jenes Pessimismus, den Schopenhauer erst wieder lehren mußte, obgleich er so alt ist wie die Sehnsucht nach Kultur – seine Wurzel, aber nicht seine Blüte, sein Anfang, aber nicht sein Ziel.

Wagner ist in seiner Kunst ein solcher Lebensverkündiger, wie die echte Kultur es sein muß. Er führt das Ungleichartige zusammen, aber er durchdringt es mit Seele und mit seiner Seele. Er verbindet das Getrennte zur Einheit: Musik und Leben, Musik und Drama. Er vertieft das Sichtbare zu einem Hörbaren, er gibt dem Hörbaren Körper. Der Schopenhauersche Allwille, welcher nach Dasein dürstend der Natur innewohnt, tritt durch Wagner als Wille zu tönendem Dasein hervor. Aber dasselbe seelische Phänomen, das Wagner in Klang umsetzt, setzt er zugleich in Worte und Gesten um; er gibt ihm eine dreifache Form, er läßt es sich dreifach spiegeln. Wagner wirkt als Natur, wiederhergestellte, wiedergefundene Natur, »als eine neue und vervollkommnete Physis«, ganz wie die echte Kultur.

Wagner und Schopenhauer waren also für Nietzsche die beiden großen Zukunftsseher, in deren Fußtapfen die Menschheit zu treten hat, um in das gelobte Land der Zukunft zu gelangen. Nietzsche stellt die Lebenswerke dieser beiden Heroen zusammen und findet, daß sie aus derselben Wurzel wachsen, der er in die tiefen Erdschichten hinab folgt. Zwischen diesem Musiker, der dem Urprinzip der Natur zu tönendem Dasein verhilft und den Allwillen erlöst, und diesem Philosophen, der uns dazu anleitet, die Verstandeskultur in ihrer Unzulänglichkeit und Begrenzung zu sehen, besteht eine Einheit, die für Nietzsche ein Fingerzeig auf eine neue

Daseinsform ist, von der wir uns nur durch Vergleiche aus der hellenischen Welt eine Vorstellung machen können.

Diese Beobachtung schwoll bei Nietzsche zu einer ganzen Weltlehre, einer metaphysischen Welterklärung auf mystischem Hintergrund an. Nietzsche hat diese im Rahmen einer Untersuchung *»Ursprung der griechischen Tragödie aus dem Geiste der Musik«* dargestellt. Die Grundlinien sind folgende:

Die Welt ist nur als ästhetische Erscheinung gerechtfertigt. Nur insofern das Subjekt Künstler ist, ist es vom persönlichen Willen erlöst; es ist dann ein Medium geworden, in welchem und durch welches das nur in der Wirklichkeit seiende Subjekt seine Befreiung in der Scheinwelt feiert. Allerdings unterscheidet sich unser Bewußtsein von dieser unserer Bedeutung kaum von dem, das ein auf Leinwand gemalter Krieger von der auf ihr dargestellten Schlacht haben kann. Nur wenn das Genie im künstlerischen Schöpfungsakt mit dem Urkünstler verschmilzt, der im Zentrum des Weltalls wohnt, erhält es eine Art Kenntnis von seiner Aufgabe und dem Wesen der Kunst; denn in diesem Zustand ist es dem Antlitz gleich geworden, von dem die Sage erzählt, daß es seine Augen drehen und sich selber anschauen konnte. Der Künstler ist in einem solchen Augenblick Subjekt und Objekt zugleich, Dichter, Schauspieler und Zuschauer. Apollo ist für Nietzsche der erklärende Genius des principium individuationis, das heißt des Schopenhauerschen Willens zum Phänomen-Dasein. Allein durch ihn kann die Befreiung in der Scheinwelt erreicht werden.

Aber daneben gibt es eine andere Art Kunst, deren Symbol Dionysos ist. Unter dem mystischen Jubelruf des Dionysoskultes werden die Fesseln der Entwicklung zur Person gesprengt, und der Weg in den innersten Kern der Dinge, in den Mutterschoß des Seins, liegt offen. Die Musik ist Dionysos'

Kunst, im Gegensatz zu den apollinischen Künsten. Die letzteren sind Abbilder der Erscheinungswelt, des Scheindaseins, während die Musik das Abbild des Willens selbst ist und als solches das Metaphysische dem Physischen, das Ding an sich seiner Scheinform gegenüberstellt.

Der Berührungspunkt zwischen dem künstlerischen Schöpfungsmoment auf der einen und der Schopenhauerschen metaphysischen Betrachtungsweise samt Wagners tragischer Gesinnung auf der anderen Seite ist klar erkennbar. Was Nietzsche unter den Bezeichnungen Dionysoskult und Sokratischer Wissensoptimismus gegenüberstellt, ist nichts anderes als der Gegensatz von Mystik und Rationalismus. Seine Darstellung betont die Überlegenheit der ersteren; Nietzsche selbst verrät sich als romantischer Vollblutmystiker. Die unendliche Welt des Unbekannten ist dem menschlichen Geiste bis in ihre abgelegensten Winkel und verborgensten Falten zugänglich – nicht dem Verstand des Denkers, sondern der Intuition des Künstlers, des dionysischen oder apollinischen Künstlers.

IV.

Der Tod seines Wagnerglaubens war die große Krise in Nietzsches Leben. Als er den stolzen Helden seiner Jugend, den Sieger, den Erstgeborenen der Kultur der Zukunft vor dem Kreuz des Mittelalters niedersinken sah, da wurde in seine Seele eine Wunde geschlagen, die nie ganz vernarbte. Es war, als erhellte ein Blitz die dunklen Gebiete, die er verlassen hatte; er erschrak, als sei er, ohne es zu wissen, durch eine große Gefahr gegangen, und er empfand einen namenlosen Ekel darüber, die Schätze seiner Jugend auf dürren Boden geworfen zu haben.

Er war ein Kranker, ein Todkranker, der gleichwohl noch Lust zu leben hatte und Kraft, gegen die Krankheit zu kämpfen. Er packte seinen Ranzen und nahm den Wanderstab in die Hand, schlug die Tür seines alten Hauses hinter sich zu und ging hinaus in die Welt. Wie ein sorgloser Wandersmann streifte er in allen Regionen des Geistes umher; er lag nie mehr als e i n e Nacht in jeder Herberge, und wie schön die Aussicht auch war, die sich vor ihm auftat, so war er doch nicht ganz sicher, ob sich nicht im nächsten Augenblick eine noch schönere zeigen würde. Nur vor einem schauderte er: vor der Erinnerung an seine Heimat, vor den faulen Sumpfwiesen seines Jugendlandes.

Mit der Zeit erholte er sich, und als er wieder vor das Volk trat, war sein Antlitz so verändert, daß man ihn kaum erkannte. Das Buch (*»Menschliches, Allzumenschliches. Ein Buch für freie Geister«*), das seine neue Ära als Schriftsteller einleitet, kann man nicht voll verstehen und genießen, wenn man nicht unmittelbar von den *»Unzeitgemäßen Betrachtungen«* und *»Geburt der Tragödie«* dazu kommt. Zwar hat man das Gefühl, daß sich hier ein verstörter Geist mitteilt: die eigentümliche, aphoristische Form, in der alle späteren Arbeiten Nietzsches geschrieben sind, ist bereits voll ausgeprägt, und jeder dieser Aphorismen ist wie ein blutendes, zitterndes Stück einer zerrissenen Menschenseele. Aber zugleich liegen jener unbestimmbare, unauflösbare Duft und jene Helle über dem Buch, in denen der Genesende das Leben sieht – etwas von der Schönheit einer Frau, die aus dem Bade steigt. Die Nebeldämmerung der Mystik ist zerstreut, hat sich aufgerollt und entschwebt fern am Horizont; um uns ruht das bleiche Sonnenlicht des Vorfrühlings. Noch ist der Boden nackt, aber am Wegrain und hinter den Hecken brechen schon die ersten grünen Spitzen aus der gedüngten Erde hervor. Dem Mann, der jetzt vor uns steht, hat das Leid tiefe Furchen ins Gesicht gegraben; sogar der Glanz seines Lächelns ist kalt wie blanker Stahl, und der durchdringende Blick verrät eine Forscherlust, deren Rücksichtslosigkeit viel von Grausamkeit an sich hat. Er legt das Geziefer des unbewußten Seelenlebens unter sein Mikroskop; er spießt es auf die Spitze seiner Gedanken wie der Entomologe Insekten auf seine Nadeln.

Meeresluft, Bergluft, stiller und kühler Morgensonnenschein, sorgloses Umherstreifen des Nomaden! Es gibt zwei Arten Poesie, sagt er: eine unbeschwerte und harmonische und eine leidenschaftliche, überspannte, ungeordnete; die letztere ist für den Jüngling und die Frau, die erstere für den reifen Mann. Das höchste Ziel der Kunst ist, das Hohe, Einfache, in sich selbst Ruhende zu gestalten. Der beste Stil ist nicht der superlativische oder der buntgemischte, sondern der, dessen Kennzeichen eine geadelte Alltäglichkeit, eine vornehme Einfachheit ist. Das Ideal eines Dichters ist der, der das Vergangene und das handgreiflich Gegenwärtige verläßt und den Zukunftstypen darstellt: den gesunden, frohen, starken, schönen Menschen. Alle guten Kunstwerke haben etwas Sorgloses, eine stille Kontemplation: sie liegen wie Kühe auf der Weide. Und malt er selbst einmal eine Landschaft, so besteht sie aus einer unvergleichlichen Mischung von heroischer Hoheit und idyllischer Heiterkeit – eine Leinwand in Gold und Blau, lauter Sonne und Himmel.

In die Eremitenhöhle des Mystikers scheint die Sonne und beleuchtet Spinngewebe; ihr Lichtspeer reißt die regenbogenfarbigen Träume des Romantikers entzwei: sie waren nichts als Träume. Aber der Metaphysiker war doch der größte Schelm. Alle philosophischen Systeme der Geschichte waren Fata Morganen, die die Menschheit gelockt und genarrt haben, eine nach der anderen. Die Metaphysik verdunkelt den Text der Natur, anstatt ihn zu erklären. Sie ist der Todfeind des freien Geistes; sie ist ein verfeinertes Werkzeug des Obskurantismus. Die Empirie dagegen macht klug und einsichtig. Die Wissenschaft bedarf edlerer Naturen als die Dichtung. Der Dichter strebt nur danach, den Schleier der Ungewißheit über die Dinge zu breiten; er knüpft die Knoten wieder zusammen, die der Forscher aufgelöst hat. Und der Musiker – diese Kunst der Künste, diese Wagnerische Kunst, die Prachtblume der dionysischen Kultur? Die Musik ist ein Herbstblatt, eine Herbstblume unter den Künsten; sie war zu allen Zeiten der Schwanengesang des Verschwindenden.

Der höchste aller Seelenzustände ist der frohe Ernst, das stille, kühle Sonnenscheinlächeln, eine Weisheit voller Schelmenstücke: Sokrates war weiser als Christus. Einst waren die Menschen froh, jetzt wagen sie nicht höher zu streben als bis zum Austrocknen aller Unlustquellen; die Alten verstanden sich zu freuen, wir nur dem Schmerz auszuweichen; unsere Nachkommen müssen werden wie ihre Ahnen. Es geht darum, das schlechte Gewissen aus der Welt zu schaffen, denn zu allen Zeiten lebten viele im Bösen ohne Gewissen, während noch heute viele gute Menschen das Lustgefühl des guten Gewissens vermissen. Die Gewissensqual gleicht einem Hund, der in einen Stein beißt, das heißt, sie ist eine Dummheit. Das Alleridealste hat einen weit schandbareren Ursprung, als man glaubt; es ist wie eine Prachtblume auf einer Unkrautwurzel. Der Kampf zwischen dem Philosophen und der Masse, das ist der Kampf zwischen der Lehre von der unbedingten Unfreiheit des Willens und der unbedingten Sittlichkeit; die Erkenntnis, daß der Wille unfrei und daß alles notwendig ist, nicht nur das Menschliche, sondern auch das Allzumenschliche, das heißt das Unfertige, Schiefe, Böse – das ist die stärkste Erkenntnis. Im übrigen geht es darum, vor allem das Prinzip des Unabgeschlossenen allem religiösen und philosophischen Dogmatismus gegenüber zu betonen und alles dahingestellt sein zu lassen. Zugleich darf man nicht vergessen, daß es in der Natur keine Gegensätze gibt, sondern allein Gradunterschiede. Es gibt keinen radikalen Gegensatz zwischen gut und böse, zwischen guten und bösen Menschen, zwischen guten und bösen Eigenschaften. Vor allem sollten wir dem großen Schelm »Wort« nicht auf den Leim gehen – »jedes Wort ist ein Vorurteil« – sondern uns erinnern, daß das Wort nur das Ding bezeichnet, aber nie das Ding enthält.

Aber dieser Wanderer kommt zuweilen auf die Idee, auf den Grund des einen oder anderen Dinges sehen, es um und um wenden zu wollen. Wenn ihn diese Lust überkommt, kann er ein Stück warmen und zitternden Muskelgewebes aus dem menschlichen Geiste schneiden und es auf die Spitze seines Gedankens spießen. Dadurch erhalten wir die scharfsinnigste Analyse der Schadenfreude, der Rache, des Mitleids, des Schamgefühls, der Eitelkeit, der Uneigennützigkeit und so weiter.

V.

Der Nomade setzt seine Wanderung fort (*»Morgenröte. Gedanken über die moralischen Vorurteile«*; *»Die fröhliche Wissenschaft«*). Aber wohin er sich auch begibt, letztlich kommt er immer wieder zum Ausgangspunkt zurück. Er durchstreift nun dieselben Länder zum zweiten Mal und erkennt alle Gegenstände und Aussichten wieder; mit sichtbarer Vorliebe verweilt er an gewissen Stellen, die ihm am besten gefallen haben und deren Erinnerung am klarsten und vollsten vor seiner Seele steht, während er an tausend anderen Merk- und Sehenswürdigkeiten vorübergeht.

Und unterdessen wächst die Genesungsstimmung ununterbrochen. Die Frische und Stille des Morgens ruht über seinen Gedanken und durchdringt sie; es ist auch Tauwind und Aprilwetter darin. Seine Seele schwillt und erhebt sich in einer Woge von Dankbarkeit und Jubel, von Lust am Leben, das ihm vor kurzem unter die Füße sank und nun in neuer Schönheit dem Meer entsteigt, wie Aphrodite. Er ist ein Mensch, der den Rausch der Genesung getrunken hat, und während das Land der Zukunft mit lockenden Abenteuern und offenem Meer im Licht des anbrechenden Morgens vor ihm liegt, hängt alles Verflossene wie ein verschwindender kleiner dunkler Punkt fern am Horizont, in der Richtung, aus der er gekommen ist – der Nomade mit seinen Zelten und seinen Herden.

In der Stille eines frühen Morgens oder der Frische eines sonnigen Vormittags liegt er vor seinem Zelt im Gras der

Oase, während seine Tiere neben ihm weiden. Licht und Schatten spielen in seiner Seele, Wellen und Gefühle singen; Gedanken tauchen lachend in ihnen auf und ab wie weiße Körper im blauen Wasser.

Das ist der große Fehler der Erziehung und das Unglück des Geschlechts: es lernt nicht, die Einsamkeit zu ertragen. Die Einsamkeit ist der beste Aufenthalt für den Gesunden, den Freien, Lebensbejahenden, denn die Welt ist voll von den kleinen Rachsüchtigen, die die Sonne verdunkeln und das Leben verbittern. In die Einsamkeit hinausziehen, das ist das Gute – nicht wie die Nonne, die die Welt, aus der sie geht, nicht kennt, sondern wie der Denker, der die Menschen verläßt, weil er sie kennt – um sich in die Einsamkeit zu werfen als in sein richtiges Element. Nur der Furchtsame weiß nicht, was Einsamkeit ist, denn hinter seinem Rücken steht immer ein Feind.

Es ist ein Märchen zu leben, zu leben wie der Vogel, der kommt und wieder davonfliegt und keinen Namen in seinem Schnabel trägt. Es gibt eine Zauberformel, vor der – wie vor einem neuen »Sesam, öffne dich!« – die Türen zu allen Prachtgemächern des Lebens aufspringen; sie lautet: Lebt gefährlich! Baut eure Wohnungen auf dem Vesuv! Sendet eure Schiffe in unerforschte Meere! Liebt die kurzen Gewohnheiten und seid mißtrauisch gegen alles, was sich in uns verknüpft und versteift, was fest und hart wird! Das Leben ist ein Mittel zur Erkenntnis, eine Welt von Gefahren und Siegen. Es ist mit der Strenge der Wissenschaft wie mit dem Zeremoniell in der allerbesten Gesellschaft: sie schreckt den Uneingeweihten ab. Aber wer sich an sie gewöhnt hat, kann sie nicht entbehren und nirgendwo anders leben als in dieser klaren, durchsichtigen, stark elektrischen Luft, dieser männlichen Luft. Die Wissenschaft ist eine fröhliche Wissenschaft;

warum soll die Maschine knirschen? Mit einem tiefen Problem ist es wie mit einem kalten Bad: rasch hinein, rasch heraus! Der Philosoph sei wie ein Tänzer zu betrachten: die Arbeit, die mechanische, seelenlose Handwerkerei des Tagelöhners hat allzu hohen Kurs, die wirkliche Vornehmheit gedeiht nur in otium und bellum: das war der stolze Satz der Antike. Die vornehme Natur ist unvernünftig, verwegen, dummdreist; es ist das Merkmal des gemeinen Menschen, immer seinen Vorteil im Auge zu behalten und stets rechnerisch abzuwägen. Der stolze Weise hört absichtlich nicht darauf, wie das Urteil der Welt über ihn lautet, sei es nun gut oder schlecht; er erteilt den Schwätzern ein Jahr im voraus Absolution für alle Sünden gegen ihn.

Die Menschheit ist aus dem Gleis gelaufen und bewegt sich seit der Antike, seit das Christentum über die Schwelle der Welt stieg, rückwärts. Man betrachte den Schönheitstyp der Antike und den modernen: den belvederischen Apollo und einen nervösen Krüppel. Man betrachte die architektonische Massenwirkung des Seelenlebens gegenüber der harmonischen Einfachheit: das architektonische Symbol des modernen Seelenlebens ist das Labyrinth. Der Grundzug der gegenwärtigen Kultur ist der kaufmännische Gesichtspunkt. Die mechanische Schinderei wird verherrlicht, der Arbeiter thront auf dem Ehrenplatz, Mittelmäßigkeiten werden ausgebrütet wie Leichenwürmer, und vor uns erhebt sich das Gespenst des Plebejertums. Die Reformation und die Revolution waren die beiden großen Treppenstufen zu der Arbeiterkaserne, die die Gegenwart gerade vollendet. An ihren Brüsten hat sich der Pöbelgedanke großgesaugt; jetzt vermehrt er sich hundertfach weiter in Demokratismus, Sozialismus, Utilitarismus, in praktischen Reformen und philosophischen Systemen. Eine Herrschaft der Ketten bricht an; sie kommt mit dem Siegestag des Sozialismus, dem Tag der »bestia triumphans«. Wir sind ein krankes, halbes, nicht ausgetragenes Geschlecht von Krüppeln, das seine seelische Jämmerlichkeit unter Moralbegriffen verbirgt wie sein körperliches Elend unter Kleidern.

Im Christentum vollzog sich der Aufstand der Sklaven gegen die antike Philosophie; es setzte die Gemütsbewegungen wieder auf den Ehrenplatz: Liebe, Furcht, Glaube, Hoffnung. Es hatte einen plebejischen Zug; es war eine Vermischung der verschiedenartigsten Elemente, deshalb konnte es die Vielen an sich saugen. Wie es durch den Kunstgriff »Liebe« zur lyrischen Religion wurde, so zog es durch den Kunstgriff »Höllenstrafe« alle Furchtsamen an sich. Es hatte einen orientalisch-weiblichen Charakter; man denke an den Satz: »Wen Gott liebt, den züchtigt er« und erinnere sich an orientalische Frauen, die die Züchtigung als eine Ehrenbezeigung von seiten des Mannes auffassen. Es identifizierte Unglück mit Schuld, während die Antike ein reines, schuldfreies Unglück kannte. Es brachte das Mitleid in Kurs, diesen Schwamm, der das Mark der Menschheit verzehrt hat; aber die Kehrseite des Mitleidens der Qualen des Nächsten ist der Neid über die Freude des Nächsten.

Die Moral dieser Lehre war Balsam für die wunde Antike, aber sie war Gift für die gesunden Barbarenvölker, denen sie eingeimpft wurde.

Es ist die altruistische Moral, die alle ihre Gebote aus dem Grundprinzip der Nächstenliebe ableitet. Als ihre Dogmen eines nach dem anderen zerfielen, war es nur, damit dieser Keim sich um so stärker entwickeln konnte. Und er wuchs empor – ein Baum, der die ganze Welt überschattet, und an diesem Baum hängen Früchte, die zu pflücken und mit allen guten Namen zu belegen die Weisen des Geschlechts nicht müde werden. Die altruistische Moral ist die Moral der Ohnmächtigen, der Kranken, der Unterdrückten. Sie war daher zu allen Zeiten Gegnerin der Starken und Einsamen. Selbst leidet sie unter einem inneren Widerspruch; ihre Motive stimmen nicht mit ihrem Prinzip überein: »Der Nächste lobt die Selbstlosigkeit, weil er durch sie Vorteile hat«.

Alle Moral hat ihr origo pudenda: Selbstsucht, Freude an verfeinerter Grausamkeit und andere Eigenschaften, die auf der moralischen Rangskala untenan stehen. Ein Trieb hat an und für sich gar keinen moralischen Charakter; ein und derselbe Trieb kann sich zum Beispiel zu Feigheit und zu Demut entwickeln. Die Unterwerfung unter die Moral ist an und für sich nicht moralisch; sie kann durch Sklavensinn, durch Eitelkeit, durch Eigennutz, durch Resignation, durch Verzweiflung und so weiter hervorgerufen sein. Unsere moralischen Urteile und Wertsetzungen sind lediglich Bilder und Phantasien über uns unbekannte physiologische Prozesse. Deshalb ist zum Beispiel die Moral der Schwachen mit physiologischer Notwendigkeit eine andere als die der Starken, die Moral des Greises eine andere als die des Jünglings.

Der Welt eine ethische Bedeutung zu geben ist ebenso sinnlos, wie der Sonne ein besonderes Geschlecht zu verleihen. Sittlichkeit ist Gehorsam gegen herrschende Sitten, und Sitte ist die ererbte Form für Handeln und Wertsetzung. Volksmoral und Volksmedizin gehören zusammen. Das Gute ist das Alte, das Böse ist das Neue. Darum ist der freie Mensch unsittlich. Es waren die starken und die bösen Geister, die die Menschen vorwärts führten. Die Entwicklung des Moralbegriffs vollzieht sich durch Attentate auf das zuvor Heiliggehaltene.

Hier also liegt die Aufgabe für den Moralisten der Zukunft. Für ihn ist Moralität nichts anderes als der Herdeninstinkt des Einzelnen, den er bei sich selbst während der kräftigen Zunahme seines persönlichen Seelenlebens unterdrückt hat. Er ist der Starke, der nicht nur zu der geistigen Verknöcherung der geltenden Moral scharf »nein« sagt, sondern zugleich seine eigene Lebensnorm als Keimtrieb der Zukunftsblume bejaht. Die Gewichte, mit denen die Werte bisher gewogen wurden, müssen justiert und geändert werden. Es handelt sich um eine »Umwertung aller Werte«.

Aber dazu bedarf es eines neuen Menschen, der stehen kann wie ein Riese unter Pygmäen, mit dem Mut, Bahnbrecher, Gesetzbrecher, Tempelschänder zu sein, ohne die Furcht vor den Verdammnisrufen und Racheschreien der Menge und ohne – das Schwerste von allem – durch seine eigene Gewissensqual gelähmt zu werden: des Einsamen, des Genies, des Werteschaffers, des Gesetzgebers, des Bösen mit der Schönheit einer wilden Landschaft, dessen individuelle Seele sich kosmisch entwickelt, der eine ganze Zukunftskultur aus sich gebiert und der das scheinbar kleine Knäuel ist, von dem doch Geschlecht auf Geschlecht sein Leben abspinnen kann.

Aber dieser Eine, der seine breite Brust gegen gegen eine Welt und gegen seine Zeit stemmt – er muß die Erzader zu finden verstehen, die tiefer im Bergschacht liegt als all jene, aus denen die Menschheit bisher ihre Schätze geholt hat; die Erzader, die ergiebiger ist als alle...

Und der Nomade vor seinem Zelt erhebt sich, und die Sonne steht im Mittag, und rundumher schlafen die Wüsten und hinter ihnen die Länder und Völker. Und über der Wüste hängt die Fata Morgana, erst ganz blaß und verschwommen, dann farbenreich und scharf konturiert wie das wirkliche, konkrete Leben. Und wieder fällt Asche über die Pracht, aber das Bild ist wie eingeätzt in das Auge des Nomaden, und als er aufbricht mit seinem Zelt und seinen Herden und von neuem durch die Wüste wandert, einsam, fern von den Menschen, da senkt sich das Bild in seine Seele hinab und löst sich in ihr auf zu einem dunklen Grübeln, und im dunklen Wasser dieses Grübelns spiegelt sich der unergründliche Nachthimmel der Zukunft mit seinen großen, stillen Sternen.

Etwas gibt es, das die Urwurzel des Lebens ist, das Protoplasma, der Embryo, der sich gleich ist, gegenwärtig, unverändert in den wechselnden Formen der Aus- und Umgestaltung, eine Grundkraft, ein Zentrum, ein vorherrschender Trieb. Dieses Etwas ist das Machtgefühl. Es ist die treibende Kraft, in der Geschichte wie im Privatleben, in den Völkern wie in den Personen. Nicht die Not, nicht die Leidenschaft – die Liebe zur Macht ist der Dämon der Menschheit. Die Mittel, die man entdeckt hat, um sich dieses Lustgefühl zu verschaffen, machen fast die ganze Geschichte der Kultur aus. Sie ist es, die unter der Lehre von der Freiheit des Willens liegt. Sie ist es, die den Menschen treibt, sich selbst aufzuopfern. Sie beherrscht den Stoiker, der dem selbstauferlegten Zeremoniell folgt, obwohl es ihn einengt, denn zugleich fühlt er sich auf diese Weise als Herr. Sie ist die verborgene Triebfeder der Wohltätigkeit. Die erste Wirkung des Glücks ist das Machtgefühl. Der Asket spaltet sich in zwei Ichs: ein leidendes und ein im Machtgefühl schwelgendes, da er den allmächtigen Trieb nicht an äußeren Gegenständen befriedigen kann. Der Wille zur Macht ist der Ariadnefaden im Labyrinth der menschlichen Seele.

VI.

Nietzsches erste Arbeiten, die vor der Krise entstandenen, hatten zwei Zentren, um die sie sich lagerten, zwei Hauptideen: die neue Kultur und den neuen Menschen, der dieselbe lebendig machen sollte. Die ersten Arbeiten nach der Krise waren durch den hellen Blick des Genesenden auf das Leben und die grausam durchdringende Analyse gekennzeichnet – die Sonnenscheinstimmung und die Insekten auf den Nadeln. Die Sonnenscheinstimmung verdichtet sich, bekommt Umrisse und wird zu einer Idealgestalt: dem großen Einsamen, dem großen Bahnbrecher, Niederreißer, Lebensbejaher, der alle Werte verändert; und die Analysen verdoppeln sich, legen sich dicht aneinander, verbinden sich zum Fundament einer neuen Morallehre und einer neuen Kultur. Die Idealgestalt wird Hautrelief, wird freistehende Statue, wird Fleisch und Blut und ein lebendiges Wesen in »Also sprach Zarathustra«; die Moral erhält eine bestimmte Formulierung in »Jenseits von Gut und Böse« und in »Zur Genealogie der Moral«. So spannt sich eine hohe und breite Brücke zwischen den beiden Endpunkten von Nietzsches Schriftstellerbahn, und über diese schreitet das fleischgewordene Ideal wie einst Moses vom Sinai herabstieg, mit den neuen Gesetzestafeln in der Hand.

Als Zarathustra dreißig Jahre alt war, ging er hinauf in das Gebirge. Nachdem er dort zehn Jahre in Einsamkeit verbracht hatte, kehrte er ins Tal zurück, denn er liebte die Menschen und wollte ihnen die Wahrheit verkünden. Aber als er auf dem Markt vor der Versammlung über die Fragen des Lebens, die tiefen und die hohen, sprach, da lachten sie über ihn, und Eis war in ihrem Gelächter. Der größte Mensch und der kleinste erschienen gleich vor Zarathustras Augen: sie waren beide »allzumenschlich«. Ein furchtbarer Anblick traf ihn: die Menschen lagen zerschlagen und verstreut wie auf einem Schlachtfeld; und als sein Blick zurückglitt über die Zeiten, begegnete ihm dasselbe Schauspiel: Fetzen, Stücke, Glieder, aber keine Menschen. In der Einsamkeit der Berge war Zarathustra so weit hinein in die Zukunft geflogen, daß ihn ein Grauen ergriff. Da floh er zurück in das Land der Bildung und langte dort an, mit Sehnsucht in seinem Herzen. Und dennoch: so ängstlich er war, er mußte doch lachen über das, was er sah. Nie hatten seine Augen etwas so Buntgesprenkeltes gesehen. »Mit fünfzig Klexen bemalt an Gesicht und Gliedern: so saßet ihr da zu meinem Staunen, ihr Gegenwärtigen! Und mit fünfzig Spiegeln um euch, die eurem Farbenspiele schmeichelten und nachredeten. Vollgeschrieben mit den Zeichen der Vergangenheit, und auch diese Zeichen überpinselt mit neuen Zeichen: also habt ihr euch gut versteckt vor allen Zeichendeutern. Alle Zeiten und Völker blicken bunt aus euren Schleiern; alle Sitten und Glauben reden bunt aus euren Gebärden. Wer von euch Schleier und Überwürfe und Farben und Gebärden abzöge: gerade genug würde er übrigbehalten, um die Vögel damit zu erschrecken. Wahrlich, ich selber bin der erschreckte Vogel, der euch einmal nackt sah und ohne Farbe; und ich flog davon, als das Gerippe mir Liebe zuwinkte.«

Zarathustra will nicht mehr zum Volk reden; zum letzten Mal sprach er zu einem Toten. Das Leben ist eine Quelle der Lust, aber der Pöbel hat alle Brunnen vergiftet. Viele, die sich vom Leben abwandten, wandten sich bloß vom Pöbel ab. Viele, die in die Wüste hinausgingen und mit den Raubtieren

Durst litten, wollten nur nicht zusammen mit schmutzigen Kameltreibern um die Zisterne sitzen. Die Erde hat eine Haut; diese Haut ist voll von krätzigem Ausschlag; einer davon heißt der Mensch, der überflüssige, der allzuviele. Wo die Einsamkeit aufhört, beginnt der Markt, und wo der Markt beginnt, fängt der Lärm der Taschenspieler an und das Summen der giftigen Fliegen. Zarathustra ist unter den Allzuvielen verlassener als damals, als er die Einsamkeit der Wüste zur Gesellschaft und Vertrauten hatte.

Zarathustra geht wieder hinauf ins Gebirge, und da wird seine wilde Weisheit befruchtet. Zum Volk will er nicht mehr reden; aber dem Einsamen will er den Regenbogen und alle Treppenstufen, die zum Übermenschen hinaufführen, zeigen. Er sitzt in den Bergen, seine Tiere neben sich, den Adler und die Schlange, das stolzeste Tier unter der Sonne und das klügste Tier unter der Sonne. Und so spricht er zu seinen Jüngern:

Einst war der Geist Gott, dann wurde er Mensch und nun ist er Pöbel geworden. Mutig, sorglos, trotzig, verwegen – so will uns die Weisheit: sie ist ein Weib und kann bloß einen Kriegsmann lieben. Der Krieg und der Mut haben größere Dinge vollbracht als jemals die Liebe zum Nächsten. Verachtung vor der Erde, Verachtung vor dem Körper, des Kranken Verachtung vor Körper und Erde, des Kranken Rede von erlösenden Blutstropfen und einer anderen Welt ist keine Treppenstufe zum Übermenschen.

Der Pöbel drängt sich um den Taschenspieler auf dem Markt, aber die Welt dreht sich unmerklich um den, der neue Werte für die Dinge schafft. Ich liebe alle, die wie schwere Tropfen sind, einzeln fallend aus der dunklen Wolke: sie verkündigen, daß der Blitz kommt, und gehen als Verkündiger zugrunde. Seht, ich bin ein Verkündiger des Blitzes und ein dunkler Tropfen aus der Wolke; aber dieser Tropfen heißt Übermensch. Tot sind alle Götter; nun wollen wir, daß der Übermensch lebe.

Man predigt über Gleichheit unter den Menschen! Es ist der Tyrannenwahnsinn der Ohnmacht, der nach Gleichheit schreit. Aber vergeßt nicht, wenn sie sich selbst »die Guten und Gerechten« nennen, so fehlt ihnen nichts zum Pharisäer außer – Macht. Denn das ist meine Rede: die Menschen sind nicht gleich. Und sie sollen es auch nicht werden. Was wäre wohl meine Liebe zum Übermenschen, wenn ich anders spräche? Auf tausend Brücken und Stegen sollen sie in die Zukunft dringen. Gut und böse, reich und arm, hoch und niedrig und alle Namen der Werte: Waffen sollen sie sein und klingende Zeichen davon, daß das Leben sich immer von neuem überwinden muß. In die Höhe will es sich bauen mit Pfeilern und Absätzen, das Leben; in ferne Welten will es schauen. Und bedarf es der Höhe, so bedarf es der Absätze und der Widersprüche zwischen den Absätzen, zwischen den aufsteigenden. Steigen will das Leben und sich steigend überwinden. Bloß wo es Gruben gibt, gibt es Auferstehungen. Und dies Geheimnis sprach das Leben zu mir: »Sieh«, sprach es, »ich bin das, was sich immer wieder selbst überwinden muß«. Wahrlich, ich sage euch: Gutes und Böses, das unvergänglich ist, gibt es nicht. Aus sich selbst muß es sich immer wieder von neuem überwinden. Mit euern Werten und Namen für gut und böse übt ihr Macht aus, ihr Werteschaffenden: und das ist eure heimliche Liebe. Aber eine stärkere Macht wächst empor aus eurer Herrschaft und eine neue Überwindung, welche Ei und Eierschale zerbricht. Und er, der Schöpfer sein will in gut und böse: wahrlich, er muß zuerst ein Vernichter werden und Werte zerbrechen.

Die Guten waren immer der Anfang vom Ende. Die Guten

hassen den, der die Gesetzestafeln zerbricht und die alten Werte; sie heißen ihn den Brecher, den Gesetzesbrecher, den Verbrecher, und kreuzigen ihn. Nicht mehr zu wollen, nicht mehr Werte zu setzen, nicht mehr zu schaffen – ewig bleibe mir diese große Müdigkeit fern! Zu schaffen, das ist die Erlösung vom Leiden; der Wille befreit: das ist die wahre Lehre von der Freiheit des Willens. Ich ging durch das Volk und hatte meine Augen offen; es ist kleiner geworden und wird immer kleiner; das verursacht ihre Lehre von Glück und Tugend. Immer soviel Schwäche wie Güte, soviel Schwäche wie Mitleid. Tugend: das ist für sie, was zahm macht. Bald werden sie stehen wie dürres Gras, dürstend nach Wasser oder Feuer. O gesegnete Stunde, da der Blitz kommt!

Ich ehre die widerspenstigen Zungen und die wählerischen Magen, die »Ja« sagen gelernt haben und »Nein« sagen gelernt haben. Das tiefe Gelb und das heiße Rot; so will es mein Geschmack, der Blut mischt in alle Farben. Denn ich liebe Blut.

Der Übermensch: In dem Wort liegt, daß der Mensch etwas ist, das überwunden werden muß; es ist eine Brücke, kein Ziel. Du und ihr alle, ihr müßt euch selbst überwinden aus Liebe zum Übermenschen. Da, wo der Staat aufhört, so seht doch dahin, meine Brüder; seht ihr ihn nicht, den Regenbogen und die Brücke zum Übermenschen. Nicht die Liebe zum Nächsten lehre ich euch, denn das ist eure schlechte Liebe für euch selbst; auch nicht die Liebe zum Weibe lehre ich euch, denn wäre es nicht besser, in Mörderhand zu fallen als in die Träume eines brünstigen Weibes? Aber den Freund lehre ich euch: er sei euch das Salz der Erde und eine Ahnung vom Übermenschen! Frei nennst du dich? Frei wovon? Was geht das Zarathustra an? Aber klar soll dein Auge es mir künden: frei wozu? Kannst du dir selbst dein Böses und

Gutes geben und deinen Willen über dich aufhängen als dein Gesetz? Du mußt brennen in deinen eigenen Gesetzen: wie sollst du sonst neu werden können, wenn du nicht erst Asche geworden bist? Du Einsamer, du gehst den Weg des Schaffenden: ein Gott will, daß du dich schaffst aus deinen sieben Teufeln. Der, welcher dem Volk verhaßt ist wie der Wolf den Hunden, das ist der freie Geist, der Kettenfeind. Frei vom Glück der Knechte, frei von Göttern und Anbetung, unerschrocken und furchtbar, groß und einsam: so ist der Wille des Wahrhaftigen. Er kennt auch die schwerste der Künste, die zur rechten Zeit zu – gehen. Frei zum Tode und frei im Tode; ein heiliger Nein-Sager, wenn es nicht mehr Zeit ist zum Ja: also versteht er sich auf Leben und Tod. Ein Glück allein kennt er nicht: das Glück des Empfangenden. Seht, das ist meine Armut, meine Brüder, daß meine Hand nie ausruht vom Schenken. Das ist die Feindlichkeit des Lichts gegen alles, was leuchtet.

Aber ihr Einsamen von heute, ihr sollt einst ein Volk sein; aus euch, die ihr euch selber auswähltet, soll ein auserwähltes Volk erwachsen – und aus ihm der Übermensch.

Also sprach der weise Zarathustra.

Eines Tages, als Zarathustra unter seinen Jüngern saß und über die Fragen des Lebens sprach, die tiefen und die hohen, stand einer von ihnen auf und grüßte den Meister:

Und wenn auch die lange Dämmerung kommt und die Todesmüdigkeit, wirst du an unserem Himmel nicht untergehen, du Fürsprecher des Lebens. Neue Sterne ließest du uns schauen und eine neue Nachtpracht. Wahrlich, das Lachen selbst spanntest du über uns wie ein buntes Zelt.

VII.

Durch die Geschichte der ganzen Menschheit zieht sich ein erbitterter und niemals ruhender Streit zwischen zwei gegensätzlichen Moralideen, zwischen zwei in Prinzip und Resultat feindlichen Wertsetzungen der Dinge, des Lebens, der Menschen, des Körpers, der Seele, der Handlungen, der Gemütszustände, der Triebe. Es ist der Streit zwischen der Herrenmoral und der Sklavenmoral, beide charakterisiert durch ihre Wertbestimmungen: gut – schlecht, gut – böse.

Die Entstehung dieser Morallehre und Wertbestimmung ist nach Nietzsche (»Jenseits von Gut und Böse. Vorspiel einer Philisophie der Zukunft«. – »Zur Genealogie der Moral. Eine Streitschrift«) folgende:

Die Vornehmen, Mächtigen, Höhergestellten, Hochgesinnten betrachteten und werteten sich selbst und ihr Tun als gut, nämlich als ersten Ranges, first rate, im Gegensatz zu den Niedrigen, Niedriggesinnten, Gemeinen und Pöbelhaften. Aus diesem »Pathos der Distanz« nahmen sie sich das Recht, Werte zu schaffen und Wertbezeichnungen zu prägen. Das ist der Ursprung der Wertbezeichnungen: gut – schlecht (also nicht aus dem Nutzen der unegoistischen Handlung, wie die englischen Moralgenealogen meinen). Zu dieser genealogischen Theorie ist Nietzsche wesentlich durch die Fingerzeige der Etymologie gelangt, durch die Untersuchung, welche Bezeichnung die verschiedenen Sprachen für den Begriff »gut« hatten. Er fand, daß sie alle zu derselben Begriffsverwandlung zurückführten, daß überall »vornehm« als Standesbezeichnung der Grundbegriff war, aus dem sich »gut« in der Bedeutung von »seelisch-vornehm« entwickelte, und daß parallel zu dieser Entwicklung eine andere verlief, in welcher der Charakter der niederen Kaste mit dem »seelisch-schlechten« zusammenfloß (das beste Beispiel ist die Identität der deutschen Worte »schlicht« und »schlecht«).

Einen ganz anderen Ursprung hatte dagegen die Sklavenmoral. Während alle aristokratische Moral aus einem triumphierenden »Ja«-Sagen zu sich selbst erwuchs, beginnt die Sklavenmoral damit, »nein« zu sagen zu dem, was außer ihr ist, zu dem »anderen«, zu dem »Nicht-Ich«; und in diesem »Nein« besteht ihre schaffende Tat. Die Sklavenmoral benötigt zu ihrer Entstehung eine ihr gegenüber und außerhalb stehende Welt; sie bedarf, physiologisch gesprochen, äußerer Einwirkungen, um aktiviert zu werden – sie funktioniert ausschließlich rückwirkend. Anders verhält es sich bei der aristokratischen Wertbestimmung: sie wirkt und wächst aus sich und sucht ihren Gegensatz nur, um noch dankbarer, noch jubelnder »ja« zu sich selbst zu sagen – ihr negativer Begriff ist »gemein«. Der Begriff »schlecht« ist nur ein späteres blasses Gegenbild. Die Sklavenmoral ihrerseits geht von etwas Negativem, von dem am Feind (das heißt, am Herrn) als Gegensatz Wahrgenommenen aus; dieser wird als »böse« abgestempelt.

So sehen wir den grundlegenden Unterschied in Ursprung und Wesen zwischen dem »schlecht« vornehmer Abkunft und dem »böse«, das dem Haß der Niedriggestellten auf den Herrn entsprungen ist. Das eine ist eine Schöpfung aus zweiter Hand, etwas Nebensächliches, eine Komplementärfarbe; das andere dagegen das Original, der Anfang. Aber diese beiden so verschiedenen Wertsetzungen stehen ein und derselben Wertbezeichnung gegenüber: »gut«. Dieser Begriff

»gut« ist indessen nicht ein und derselbe in beiden Fällen. Denn was ist der »Böse« nach der Auffassung der Sklavenmoral anderes als der »Gute« der Herrenmoral – der Vornehme, der Mächtige, der Herr, aber umgefärbt, umgedeutet, mit Sklavenaugen gesehen.

Zwischen diesen beiden instinktiv entgegengesetzten Typen moralischer Wertsetzung ist während der ganzen Entwicklungsgeschichte der Menschheit ein erbitterter, niemals ruhender Kampf ausgefochten worden. In der Priesterkaste wurde die Sklavenmoral zum ersten Mal vergeistigt, verfeinert, geläutert; denn die Priesterkaste bestand aus den Schwachen, den Kranken, in deren Interesse es lag, die Werte der Herrenmoral umzukehren. Mit den Juden, diesem haßerfüllten Priestervolk, begann der Sklavenaufruhr in der Moral. Die kulturgeschichtliche Aufgabe des Judentums wurde danach im Christentum fortgesetzt. Aus der Haßmoral des Judentums erwuchs die Liebeslehre des Christentums wie die Krone aus dem Stamm des Baumes. Jesus von Nazareth, das verkörperte Liebesevangelium, der Erlöser der Armen, Kranken und Sündigen – führte er nicht historisch auf einem Umweg zurück zu den jüdischen Wertbestimmungen? Hat nicht Israel gerade durch diesen seinen größten Widersacher das letzte Ziel seiner erhabenen Rachsucht erreicht und unter dem Zeichen des Kreuzes zwei Jahrtausende lang mit seiner Rachemoral über jedes vornehmere Ideal, das sich in der Menschheit erhob, triumphiert? Judäa gegen Rom – das war die Sklavenmoral im Kampf mit der Herrenmoral. Judäa hat gesiegt. Zwar erstanden in der Renaissance das antike Ideal, die aristokratische Wertbestimmung aufs neue – und ihre letzte Abendröte lag über Frankreich unter dem ancien régime – aber mit den beiden großen plebejischen Bewegungen, der deutsch-englischen Reformation und der französischen

Revolution, stürzten die Tempelreste der Antike zusammen, und auf ihnen erbaute das neunzehnte Jahrhundert seine schreckliche Arbeiterkaserne. Die moderne Demokratie ist der letzte Ausläufer des Plebejertums, das sich mit Hilfe des Christentums zur Macht aufschwang. Was enthielt dieses Ideal?

Sein vorherrschendes Element ist das altruistische. Es hat Tugenden aus allen Unzulänglichkeiten des Schwachen, des Unterdrückten, des Kranken gemacht und den Starken, den Frohen, den Herrn mit dem Brandmal des Frevlers gezeichnet. Es hat alle die Eigenschaften verherrlicht, durch die es sich selbst im Lebenskampf aufrecht halten konnte: die Nächstenliebe, das Mitleid, die Selbstaufopferung. Es ist ein lebensfeindliches, ein asketisches Ideal, das die Welt unter den schweren Schlagschatten der Ewigkeit legte.

Vor allem hat es in seiner Lehre über schlechtes Gewissen, Sünde, Schuld und Strafe einen Schwarm von Plagegeistern auf die Menschheit losgelassen. Die Entstehung des schlechten Gewissens erklärt Nietzsche folgendermaßen: Der erste Staat wurde dadurch gegründet, daß eine Herrenrasse sich eine zahlenmäßig überlegene Bevölkerung unterwarf, der es an Widerstandskraft fehlte, und sie zum Gehorsam zwang. Diese Halbtiere, an freies Umherstreifen gewöhnt, wurden nun in die Zwangsjacke der Gemeinschaft gesteckt – das war ungefähr so, als versetzte man ein Wassertier plötzlich aufs trockene Land. Alle Instinkte, die bis dahin nach außen gewirkt hatten, wandten sich jetzt nach innen, da sie nicht länger in der natürlichen Richtung wirken durften; die Instinkte des wilden, umherstreifenden Menschen kehrten sich gegen ihn selbst: Grausamkeit, Verfolgungssucht, Zerstörungsdrang, das Bedürfnis nach einem Feind, mit dem man sich schlagen kann. Der zentrale und vorherrschende Trieb im Menschengeschlecht, der Freiheitsinstinkt oder der Wille zur Macht, plötzlich und gewaltsam an jeglicher Aktivität gegen äußere Ziele gehindert, wandte sich gegen die inneren, seelischen Erscheinungen. Dieser Tier-Mensch, den man zähmen will und der sich an den Eisenstangen des Käfigs blutig reibt – dieser verschmachtende, verzweifelte Gefangene, der mit einem Mal von seinem vorherigen, natürlichen, tierischen Dasein abgesperrt worden ist – stellt nun seine alten Instinkte als etwas auf, das bekämpft, unterdrückt, vernichtet werden muß. Auf diese Weise wird der ehemalige Kern der Natur zum »schlechten Gewissen«. Diese neue Erscheinung, der Mensch mit dem schlechten Gewissen, bemächtigt sich der religiösen Vorurteile betreffs einer Schuld gegen Gott; und erst dadurch wird die Krankheit auf ihre höchste und füchterlichste Spitze getrieben. Er ergreift in Gott den letzten Gegensatz zu seinen Tierinstinkten; er deutet eben diese seine Tierinstinkte in Schuld gegen Gott um; er spaltet sich in den Gegensatz Gott und Teufel; er wirft jedes »Nein«, das er zu sich selbst und zur Urnatur seines Wesens sagt, als ein »Ja«, als ein Seiendes, als etwas Körperliches, Wirkliches, als Gott, als eine andere Welt, als Ewigkeit, als Hölle, als endlose Marter, als eine Unermeßlichkeit von Schuld und Strafe aus sich heraus.

Was bedeutet ein asketisches Ideal? Es entstammt den Schuld- und Bußinstinkten eines entarteten Lebens. Es ist ein Kunstgriff, erfunden, um den Verzweifelnden ans Leben zu binden. Dem irdischen Dasein des Menschen fehlten Ziel und Sinn; der Mensch litt unter dem unlösbaren Rätsel des Daseins. Es war nicht das Leiden selbst, was ihn am meisten bedrückte, sondern die Zwecklosigkeit dieses Leidens. Hier kam das asketische Ideal zu Hilfe; es lehrte den Menschen, alles Leiden unter dem Gesichtspunkt der Strafe zu betrachten. Das schlechte Gewissen wurde zur Sünde umgedeutet; das Leiden verwandelte sich in Strafe. Das war das größte und folgenschwerste Kunststück der religiösen Interpretation: den Kranken hatte man zum Verbrecher gemacht, aber der Wille war gerettet, das Leben hatte eine Bedeutung erhalten und das Streben der Menschen einen Sinn. Es war zwar ein Wille gegen das Leben, gegen den Körper, gegen die Erde, ein Wille gegen Schönheit und Glück, ein Wille zum Nichts, aber es war doch ein Wille.

Gerade in unseren Tagen hat die Sklavenmoral ihr Ideal nach außen gewandt, und seine Eingeweide liegen vor allen Augen entblößt. Das gegenwärtige Geschlecht leidet unter allen seinen Folgen und Gefahren. Mit Schaudern starren wir dem Menschentyp ins Antlitz, den es durch die Jahrhunderte genährt und nach und nach aufgezogen hat, denn es ist der Kopf des Hassers auf dem Körper des Sklaven. Europas Abschaum befingert und beschmutzt das Gottesbild im Allerheiligsten des Menschengeistes. Unlust, Ekel am Leben, Müdigkeit und Widerwillen den Menschen gegenüber – sie fressen wie schleichender Pilzbefall das Mark aus dem Rückgrat des Geschlecht und bohren sich in die edelsten Teile des Organismus. Man versteht alles und liebt nichts, schätzt nichts, entflammt für nichts; man hat den Geschmack verloren und nennt es Objektivität, man hat den Geruch seiner Seele verloren und nennt es »Dilettantismus«, man ist impotent wie ein Greis und verbirgt das Elend unter Schminke und den bunten Lumpen von Worten. Das Gleichheitsprinzip, auf den Märkten von Schreihälsen gepredigt und von Philosophen in ein System gesetzt, schwingt über den Köpfen der versammelten Menschheit seine ungeheure Sichel, weitumfassend wie ein Regenbogen, damit sich nicht e i n Haupt über die anderen erheben möge. Sogar in die Wissenschaft drängt die Krankheit und läuft durch ihre Adern wie eine schleichende Lähmung; englische Spießerweisheit und französischer Feminismus paaren sich und zeugen das Krüppelgeschlecht der »modernen Ideen«; der Forscher wird zum kurzsichtigen Spezialisten, der seine eigene Ohnmacht in Verachtung für alle synthetischen Aufgaben umsetzt; und die Philosophie selbst begnügt sich damit, die Essenz aus dem angehäuften Wissen der Gegenwart zu pressen oder die uneigennützigen Instinkte so lange zu vergeistigen, bis sie schließlich die alleinigen Werte sind, auf die gestützt man »nein« zum Leben und zu sich selbst sagen kann.

Deshalb, sagt Nietzsche, drängt gerade jetzt alles zu einer radikalen »Umwertung aller Werte«. Es gilt, das Herrenrecht auf den Vorsitz geltend zu machen. Fort aus der Welt mit dem schlechten Gewissen, den asketischen Idealen! Und wenn ihr ein Zeichen braucht, dann hängt ein flammendes Fragezeichen an den Himmel – das große Fragezeichen, das hinter dem Wort steht: Was bedeutet der Wille zur Wahrheit? Damit die Menschen in seinem Licht den Weg nach »Jenseits von Gut und Böse« finden. Mag die große Gefahr kommen, die das Geschlecht, das sein höchstes Ziel darin sieht, alle Quellen der Furcht auszutrocknen, zwingt, das Messer aus dem Gürtel zu ziehen! Gegenwärtig mischen sich alle Klassen, und die charakteristischen Züge sämtlicher Nationalitäten laufen zu einem Totalbild ineinander – schon deutet eine feine, deutliche Linie die große Spaltung der Zukunft in Herrenkaste und Sklavenkaste an. Wann wird er kommen, der Erstgeborene der neuen Zeit, der cäsarische Züchter der Kultur, der Böse, der Schreckliche, der Tyrannische, halb Raubtier, halb Schlange, dankbar gegen Gott, Teufel, Schaf und Wurm in seinem Inneren, neugierig bis zum Laster, Forscher bis zur Grausamkeit, verständnisvoller Freund der Einsamkeit! Wann wird er kommen, der den Siegestanz spielt auf den Saiten des Daseins und das Leben singen macht? Der neue Zarathustra, der Erste der Arier, wann wird er erscheinen, der blonde Herr, gleich der Morgenröte über dem Meer?

Nietzsches jüngstes, im Laufe des Jahres 1889 erschienenes Buch »Götzendämmerung, oder: Wie man mit dem Hammer philosophiert« bezeichnet keinen Fortschritt in seiner Produktion und liefert keinen neuen Beitrag zu seiner Charakteristik. Dieselben Themata, von den selben Seiten gesehen und auf dieselbe Weise behandelt! Nach der »Genealogie der Moral« hätte man erwarten können, daß jedes von Nietzsches künftigen Werken eine Auslegung jener scharfen, komprimierten Sentenzen sein würde, aus denen seine früheren Arbeiten in konglomeratartiger Mannigfaltigkeit bestanden hatten – Kommentare in Breite und Tiefe. Aber das ist nicht der Fall. »Götzendämmerung« ist eine Anhäufung von Bildungen, eine Gruppe von Zentren, um die sich Ablagerungen gebildet haben; sie bezeichnet einen Rückfall ins Zerstreute und Verbreitete, ins Umherstreifen aufs Geratewohl, in zusammenhanglos hingeworfene Aphorismen – Tagebuchaufzeichnungen eines genialen Touristen.

VIII.

Nach diesem Resümee kann ich wieder an den Faden anknüpfen, den ich in der ersten Abteilung meiner Studie fallen gelassen habe. Vielleicht ist meine Äußerung jetzt besser zu verstehen: daß die Wirksamkeit anderer moderner Geister, zum Beispiel Mill, Darwin, Taine, den kleinen Wellen auf dem großen Entwicklungsozean gleicht, während Nietzsche der eigentliche zentrale Sturmherd ist, von dem die großen Wogen ausgehen.

Er bezeichnet eine im Wesen wie in der Form gewaltsame Reaktion gegen im Grunde alle die Gegenwart bestimmenden Richtungen und Tendenzen; er steht wie ein unerschütterlicher Granitfelsen mitten im Flußbett, und die Zeitwellen brechen sich an seinem Fuße. Das springt zuerst ins Auge; aber damit ist Nietzsches Rolle und Bedeutung nicht erschöpft. Er hat die Basis für seine Lebensanschauung in einer solchen Tiefe gesucht, er hat seine Schläge gegen einen so uralten Kulturbaum geführt, daß der Gegensatz zwischen dem alten und dem neuen Ideal, dem er zum Ausdruck verholfen hat, Jahrtausende umfaßt. Er hat die Kulturarbeit von zwei Jahrtausenden gesammelt und diese ganze scheinbar so bunte Masse von Phänomenen zu einer leicht überschaubaren Gruppe reduziert, deren Elemente sich allesamt als nahe verwandt, ja im Grunde als eines erweisen; und was er in brutalem Kontrast dagegen aufstellt, hängt mit so tiefliegenden Schichten in der menschlichen Natur zusammen, daß die Arbeit langer Zeiten nötig sein wird, diese Schichten ans

Tageslicht zu heben. Was Nietzsche bekämpft, ist der Zeitgeist als der historisch grellste Ausdruck eines in Jahrtausenden gereiften Ideals; was er gibt, ist nur ein ganz kleiner Same, der unüberschaubarer Zeitstrecken bedarf, um zu einem Baum heranzuwachsen, der aber, wenn er sich einmal ausgewachsen hat, von jener besonderen Art ist, daß die ganze Menschheit in einer langen Folge von Geschlechtern in seinem Schatten wird ruhen, denken, träumen und arbeiten können.

Nietzsche gehört jener Kategorie großer Geister an, die man Seher nennt. Er antizipiert das Kommende durch intuitive Visionen. Er reproduziert diesen intuitiv empfangenen Inhalt in dichterischer Form. Wie alle Geister aus der Gruppe und von der Art, zu der er gehört, gelangt er zu den neuen, allgemein menschlichen und allnaturumfassenden Wahrheiten durch Versenkung in das eigene Ich: er ist der tiefste aller modernen Geister, weil er der subjektivste von ihnen allen ist. Hat man die Art von Nietzsches Wirken, Sehen und Schaffen beobachtet und fixiert, so ist es doppelt interessant zu konstatieren, wie ein anderer moderner Geist, der ein Vollblutrepräsentant der nüchternen, faktischen, langsamen Detailforschung ist, unter Anwendung einer ganz anderen Methode zu – wie es scheint – ungefähr gleichen Resultaten gekommen ist. Ich meine Lambrosos Untersuchungen zur Psychologie des Verbrechers und seine Zweiteilung der Menschheit, die er, auf seine Untersuchungen gestützt, zu formulieren sich befugt glaubt. Denn fällt nicht die Grenzlinie, die er – vorläufig allerdings nur mit einigen wenigen, weit auseinanderliegenden Punkten – zwischen dem Verbrecher- und dem normalen Menschentypen zieht, tatsächlich mit der zusammen, die sich, allerdings als eine tiefe Kluft, zwischen Nietzsches Herrenkaste und Sklavenkaste auftut?

Die von Nietzsche verkündeten Grundideen gehören zu denen, die auf allen Gebieten von Leben und Kultur aufgestellt werden können; und in ihrem Geiste läßt sich nichts Einzelnes verändern, ohne daß all das übrige mitfolgt. Huldigt der Dichter ihnen, so müssen sie eine ganz neue Literatur aus ganz neuen Voraussetzungen schaffen; wird ihnen das äußere Alltagsleben angepaßt, so müßten sie das Aussehen der Städte, den Umgang der Menschen miteinander sowie deren Trachten und Lebensgewohnheiten von Grund auf verändern; in der Hand des Gesellschaftsreformators müßten sie bisher ungesehene soziale Konstellationen hervorrufen.

Auf einem Gebiet jedoch würden sie ganz besonders heftige Umwälzungen bewirken, auf dem der Moral nämlich. Die Rangskala der menschlichen Werte und Pflichten würde völlig umgekehrt werden; andere Temperamente, eine andere Seelenbeschaffenheit, andere Handlungsmotive und Eigenschaften als die bisher gepriesenen würden die vorbildlichen werden. Die starken Individualitäten, die stolzen, selbstwilligen Naturen würden auf eine ganz andere Art als bisher Spielraum bekommen. Hierin liegt Nietzsches größte Tat; sein Streben bezeichnet die größte Revolution, die die Geschichte der Moral seit dem Kampf des Christentums mit der Antike aufzuweisen hat.

Friedrich Nietzsch und der Naturalismus

[1890]

I.

Es ist eine ebenso ins Auge fallende wie unbegreifliche Tatsache, daß Friedrich Nietzsche innerhalb der Bestrebungen der letzten Jahre, in Deutschland eine neue Literatur hervorzubringen, keinerlei Rolle zuerkannt wird. Man ist im Westen, Osten und Norden über die Grenze gegangen, um sich mit Interesse und Verständnis die großen Dichter der Nachbarvölker und die fruchtbaren Elemente in ihrer Dichtung anzueignen; den eigenen Landsmann aber hat man ignoriert. Man hat Zola herbeigeholt, den repräsentativen Gallier, den schwitzenden Arbeiter im Weinberg der schönen Literatur und Pseudowissenschaft, den großen Einäugigen, der ebenso wenig wie seine ausländischen Bewunderer begriffen hat, daß seine Größe in der üppigen, schwellenden Phantasiesymbolik liegt, die den Schulnaturalismus seiner Werke wild überwuchert. Man hat Ibsen herbeigeholt, den repräsentativen Skandinavier, auch er ein pedantisch gewissenhafter Arbeiter im Weingarten. Er ist der unvergleichliche Konstrukteur, der Alltagsschilderung mit übernatürlichen Personen nachahmt, der gewandte und stilvolle Vereinfacher des gegenwärtigen Kulturkampfes, dessen moderne Dramen einem Wachskabinett typischer Zeitgedanken gleichen, mit Gesichtern und Körpern versehen und durch einen geschickt verborgenen Mechanismus in Bewegung versetzt. Man hat Tolstoi geholt, den repräsentativen Russen, den chaotischen Kopf und genialen Instinkt, an Intelligenz Barbar und Asiat, als psychologischer Visionär ein Sohn der jungfräulichen Erde. Nietzsche dagegen, den repräsentativen Deutschen, die Zarathustragestalt mit dem Adler und der Schlange, gegen den Zola ein wissenschaftlicher Dilettant, Ibsen ein moralischer Spießbürger und Tolstoi ein konfuser Ignorant, gegen den sie alle drei als Geister und Dichter Zwerge sind, hat man in seiner Alpeneinsamkeit sitzen lassen. Das Ideal, das Zola vergebens zu verwirklichen versucht hat: die Verschmelzung von Wissenschaft und Kunst, hält Nietzsche in seiner Hand wie eine reife Frucht; was Ibsen objektiv und äußerlich getan, nämlich in konkreter Form und übersichtlicher Gruppierung die unbewußten Kulturströmungen zu präzisieren, hat Nietzsche aus ganz anderen subjektiven Tiefen und von ganz anderen dominierenden Alpen unternommen; und während in Tolstoi der Kulturreformator den Dichter gesprengt hat, haben sie beide in Nietzsche ihre vollendete harmonische Verschmelzung erreicht – symbolische Parallelentwicklung bei dem Revolutionär rückwärts und dem Revolutionär vorwärts. Und will man den Menschen betrachten, der hinter dem Kulturheroen steht und ihn aufrecht hält – sind nicht Zola, der zehn Seiten pro Tag fabriziert, Ibsen, der jedes zweite Jahre ein Drama mit der gleichen Pünktlichkeit abliefert, mit der täglich zu einer bestimmten Zeit durch die selben Straßen in dieselbe Kneipe geht, um sein übliches Bierseidel zu leeren, und schließlich Tolstoi, der das Adelsglück des Lebens darin gefunden hat, selbst seine Stiefel zu flicken – sind sie nicht alle drei, der pedantische Schreiber in Medun, der apokalyptische Ehrenmann in München und der fanatische Bauer auf dem russischen Gut, allzumenschliche Liliputaner gegen den Eremiten von Sils-Maria, den Freund der Bergluft und der Vormittagssonne?

Weshalb ist er denn einsam vergessen, während die anderen drei neben die vielen sidera minora an den Himmel versetzt wurden? Vielleicht, weil er den brutalen und unversöhnlichen Kontrast zur gesamten gegenwärtigen Literatur darstellt und in dieser Eigenschaft seine Zeit erst abwarten muß? Denn d a s ist Nietzsches Stellung als Dichter: er bildet den Gegenpol zum Naturalismus, ein subjektiver Lyriker, ein intuitiver Zukunftseher, ein Prophet in alttestamentlichem Stil mitten im Jahrhundert der Börse und des Nutzens.

II.

Diese seine antipodische Stellung gegenüber dem Naturalismus in der Kunst hat Nietzsche selbst in den meisten seiner Schriften theoretisch-polemisch unmißverständlich markiert. Unter all den tiefgehenden Metamorphosen, die sein Geist durchlaufen hat und von denen seine Produktion zeugt, ist er in der Kunst Antinaturalist geblieben, bis dieser innere Gegensatz zu der allesbeherrschenden Richtung schließlich seine positive Seite offenbarte und in einer gesegneten Stunde in *»Also sprach Zarathustra«* aufblühte.

Das erste Stadium in Nietzsches Entwicklung wird bekanntermaßen durch seine Hinwendung zu Schopenhauer und Wagner charakterisiert. Seine damalige Theorie der Kunst legte er in seiner Erstlingsarbeit *»Die Geburt der Tragödie aus dem Geiste der Musik«* vor. Als Fachmann in antiker Philosophie und intimer Kenner der griechischen Literatur stellte er sie in Form einer Hypothese über die Genesis der griechischen Tragödie dar. Das Ursprüngliche in dieser Tragödie, der Embryo, aus dem das ganze Kunstwerk sukzessive organisch hervorwuchs, war Nietzsche zufolge das musikalische Element, der Chor. Es gab in der Kunst zwei Götter: Dionysos und Apollo, und in der Tragödie als Entsprechung dazu zwei Elemente: ein dionysisches, den Chor, und ein apollinisches, das eigentliches Drama. Das erstere entsprang unmittelbar dem Allebenszentrum, war die direkte Spiegelung des »Dings an sich«, der Schopenhauersche Allwille als ein Wille zum t ö n e n d e n Dasein. Das letztere offenbarte denselben Inhalt, aber in anderer Form, ein Phänomen aus zweiter Hand, Scheingestalten, die durch die Brechung des dionysischen Urwesens im Prisma der Individuation hervortraten. Für Nietzsche wurde so der Chor das Zentrale in der griechischen Tragödie, während dem eigentlichen Schauspiel keinerlei selbständiges Dasein oder Bedeutung zukam. Ersteres wegnehmen hieße, das Herz aus einem Körper zu schneiden oder den Keimtrieb einer Pflanze zu entfernen. Das geschah durch Euripides, meint Nietzsche; und Euripides, fügt er hinzu, war der erste Naturalist in der griechischen Tragödie. Die ältere Tragödie unter Aischylos und Sophokles war ein Mysterium – die Weltseele, die erst unter Gott Dionysos' Geist ihr fruchtbares Chaos in Musik hinausgetönt hat, um dann unter Apollo, der Gottheit des Individuationsprinzips, ihre Befreiung in einer Scheinwelt zu feiern, nämlich den Personen, Konflikten und was sonst zur Tragödie gehörte, in die der Chor sich differenziert hatte. Mit Euripides verlor die Tragödie ihre Verwurzelung in der einzigen und eigentlichsten Wirklichkeit: dem Daseinsmysterium; mit ihm verlor der griechische Tragödienverfasser die frühere instinktmäßige Einsicht in die organische Genesis des Werkes; er ließ den Chor schrumpfen und dahinsiechen. Als er so weit gekommen war, hatte er nichts anderes zu tun, als die echten Personen der Tragödie – die kein anderes Leben als das hatten, welches sie aus dem musikalischen Embryo des Dramas empfingen und deshalb mit diesem dahinsterben mußten – durch andere, aus dem täglichen Leben auf die Bühne geholte zu ersetzen.

»Und weil du Dionysos verlassen, so verließ dich auch Apollo«, in diesen Worten, die Nietzsche dem Dichter zuruft, den er für den Mörder der echten griechischen Tragödie hält, formuliert er in jener ersten Epoche seinen Antinaturalismus.

Der Dichter, der die Verbindung mit dem Weltmysterium verloren hat und im Schaffensmoment nicht so mit ihm verschmilzt, daß dieses selbst durch seine dionysostrunkene, dionysosjubelnde Seele spricht und Chaos und Wildheit seines Leides und seines Jubels auf ihr spielt – er wird auch in der apollinischen Kunst der Menschendarstellung nie anderes erreichen als Masken und Rhetorik: »*Jage alle Leidenschaften von ihrem Lager auf und banne sie in deinen Kreis, spitze und feile dir für die Reden deiner Helden eine sophistische Dialektik zurecht – auch deine Helden haben nur nachgeahmte maskierte Leidenschaften und sprechen nur nachgeahmte maskierte Reden*«.

III.

Dieser Wagnerianische Mystiker häutet sich in einer langen und beschwerlichen Krise, aus der sein Geist in eine gewisse lichte und kühle Skepsis gehüllt hervorgeht. Neue Perspektiven, neue Proportionen. Besonders die Kunst hat ihre frühere Position im Vordergrund verloren, um einen ganz anderen, bescheidenen Platz in der menschlichen Kultur angewiesen zu bekommen. Der Verfasser von »*Richard Wagner in Bayreuth*« hatte die Kunst als etwas dem Menschen Unverzichtbares betrachtet, als eine gute Freundin, eine Trösterin, die man nicht entbehren konnte. Die Kämpfe, die sie darstellt, seien Vereinfachungen der wirklichen Kämpfe des Lebens, und genau darin liege ihre Größe und Unentbehrlichkeit, daß sie den Schein einer einfacheren Welt, einer kürzeren Lösung des Lebensrätsels heraufbeschwört. Ein Zustand der Menschheit in Gesellschaft und Sitte, der ohne den Künstler auskommt, sei vielleicht keine vollständige Unmöglichkeit; aber dieses »vielleicht« gehöre zu den verwegensten, die es gebe. Der Verfasser von »*Menschliches, Allzumenschliches*« betrachtet dieses sein eigenes »vielleicht« mit der Brutalität eines intellektuellen Kynikers. Der höchste Kulturheros wird zu einer Art geistigem Chemiker: »Alles, was wir brauchen, ist eine Chemie für die moralischen, religiösen, ästhetischen Vorstellungen und Empfindungen; vielleicht daß diese Chemie das Schlußresultat ergäbe, daß auch auf diesem Gebiet die herrlichsten Farben aus einfachen und verachteten Stoffen gewonnen werden?« Es ist das Merkmal einer höheren Kultur, die kleinen, unscheinbaren Wahrheiten, die auf streng methodischem Weg gefunden werden, höher zu schätzen als die beglückenden und blendenden Irrtümer, welche metaphysischen und künstlerischen Zeitaltern und Menschen entstammen. Auf der einen Seite stehen die Philosophie, die Metaphysik, die Kunst, die danach streben, dem Leben größtmögliche Tiefe und Bedeutung zu geben; auf der anderen die Spezialwissenschaften, in denen man nichts weiter als Kenntnisse sucht, ohne nach dem Nutzen zu fragen; und es ist gerade dieser Glücksgesichtspunkt, mit dem man Blutadern der Forschung abgeschnürt hat. Wie der Mensch in früheren Zeiten, auf einem niedrigen Kulturniveau, das erste beste Phänomen als Ursache nahm, um die Wirkung zu erklären – wie es der Wilde noch heute tut, wie selbst wir Kulturmenschen in atavistischen Rückfallen, im Traum, handeln – so unterschiebt auch der Dichter, der Künstler, seinen Stimmungen und Zuständen Ursachen, die weit davon entfernt sind, die wirklichen zu sein. Die einzige Rolle der Kunst in der menschlichen Kultur ist die eines Übergangsstadiums zwischen den Epochen der Religion und der Wissenschaft; der direkte Sprung von der ersteren in die letztere ist zu schwierig für die Menschheit. Nietzsches altes »vielleicht« ist hier durch ein absolutes »gewiß« ersetzt worden; es gibt nichts im Wesen der Kunst oder der Natur des Menschen, das die Unentbehrlichkeit der ersteren bedingt; es ist lediglich eine Frage der Zeit, wann die Menschheit dieses Kinderkleid ablegen wird; es wird geschehen, wenn sie ihrer weiblichen Epoche, ihrer Epoche der Schwäche, in der sie der surrogatartigen Umdeutungen des Lebens bedurfte, entwachsen und in eine männlichere eingetreten ist, in der sie einzusehen wagt, daß die psychologische Betrachtung des Menschen wenn auch hart so doch notwendig ist, ganz davon abgesehen, ob sie Nutzen oder Nachteil bringt.

Der Künstler, dieser Verherrlicher der religiösen und metaphysischen Vorurteile der Menschheit, ist somit zur Hälfte ein Kind, zur Hälfte ein Taschenspieler. Wie der Mensch embryonisch die Entwicklungsphasen der organischen Welt durchläuft, so durchläuft er auch als geistiges Individuum die verschiedenen Phasen in der Kulturentwicklung des Geschlechts: die religiöse, die künstlerische und metaphysische, die wissenschaftliche; während seiner ersten dreißig Jahre rekapituliert er das ganze enorme Pensum, für das die Menschheit vielleicht dreißigtausend Jahre gebraucht hat. Der Künstler ist ein Gegenwartsindividuum, das bei dieser Rekapitulation in seiner Entwicklung auf einem Zwischenstadium haltgemacht hat und geistig gesehen ein Kind oder ein Jüngling geblieben ist, dessen Seelenleben früheren Jahrhunderten mehr verwandt ist als dem gegenwärtigen. Aber dieses Kind ist zugleich ein großer Schelm. Der Wahrheit gegenüber hat er eine äußerst niedrigstehende Moralität; für ihn ist die Hauptsache, das für seine Kunst Wichtigste herauszustellen. Da er zum Beispiel weiß, daß sein Werk erst dann voll wirken kann, wenn es den Glauben an eine Improvisation, an eine wunderbare, plötzliche Entstehung heraufbeschwört, unterstützt er diese Illusion durch die Theorie über die »Inspiration« und das »Genie«, obwohl er selbst besser als jeder andere fühlt, daß es sich beim einen wie beim anderen um bloße Fiktionen handelt, denn das Kunstwerk ist ein Produkt beharrlicher Arbeit und die Tätigkeit des künstlerischen Genies durchaus nicht wesensverschieden von der des mechanischen Erfinders und des astronomischen oder historischen Gelehrten.

Indessen, solange die Künstlernatur noch nicht in die zukünftige und höhere Existenzform aufgestiegen ist, die von dem wissenschaftlichen Menschen symbolisiert wird, müssen wir sie als einen Kulturfaktor in die Rechnung einbeziehen – und das absolut Böse in ein relativ Gutes verwandeln, indem wir den Idealtypen vorantreiben. Dieser von Nietzsche aufgestellte Idealtyp ist auf diesem Stadium, wie auf dem vorhergehenden, möglichst anti-naturalistisch. Im ersten Augenblick dürfte dies verwundern und als eine Inkonsequenz erscheinen; man sollte glauben, daß der neue Nietzsche mit seinem Kult des verstandesmäßig und fachwissenschaftlich Nüchternen und Klaren, Detaillierten und Begrenzten, auch in der Kunst diesem und der Gottheit des objektiven Naturalismus huldigen würde. Er präzisiert jedoch ein nahezu entgegengesetztes Ideal; nach wie vor sind die Griechen sein Vorbild, aber während er früher die mystischen Tiefen, das Dionysische in der griechischen Dichtung betont hat, das, was mit der deutschen Romantik und Wagners Musik verwandt war, legt er den Schwerpunkt nun auf das Einfache, Klare, Bestimmte in Form und Linie, auf das Apollinische in ihr, auf das, was als Tradition und Schule im französischen Klassizismus und bei Goethe fortlebte.

Versuchte man, die Ursachen dafür zu simplifizieren und zu fixieren, weshalb der durch gewaltsame Reaktion vorangetriebene Wirklichkeitssinn sich bei Nietzsche dieses verwitterte Ideal wählte, könnte man als solche vielleicht teils sein aristokratisches Naturell, teils sein strenges Isolieren der Kunst von anderen Kulturgebieten, der Moral, der Wissenschaft, den sozialen Fragen und schließlich seinen antiken Schönheitssinn angeben, der sich selbst in diesen Worten unübertrefflich charakterisiert: »*Diese Gegend hat bedeutende Züge zu einem Gemälde, aber ich kann die Formel für sie nicht finden, als Ganzes bleibt sie mir unfaßbar. Ich bemerke, daß alle Landschaften, die mir dauernd zusagen, unter aller Mannigfaltigkeit ein einfaches geometrisches Linien-Schema haben. Ohne ein solches mathematisches Substrat wird keine Gegend etwas künstlerisch Erfreuendes. Und vielleicht gestattet diese Regel eine gleichnishafte Anwendung auf den Menschen.«* Dieser Schönheitssinn in seiner ganzen leeren Einseitigkeit kann indessen Nietzsche ganz und gar beherrschen, und er vermag dann ein literarisches Ideal wie das folgende aufzustellen: *»Nicht Individuen, sondern mehr oder weniger idealische Masken; keine Wirklichkeit, sondern eine allegorische Allgemeinheit; Zeitcharaktere, Lokalfarben zum fast Unsichtbaren abgedämpft und mythisch gemacht; das gegenwärtige Empfinden und die Probleme der gegenwärtigen Gesellschaft auf die einfachsten Formen zusammengedrängt, ihrer reizenden, spannenden, pathologischen Eigenschaften entkleidet; in jedem andern als dem artistischen Sinn w i r k u n g s l o s gemacht; keine neuen Stoffe und Charaktere, sondern die alten längstgewohnten in immerfort währender Neubeseelung und Umbildung: das ist die Kunst, so wie sie Goethe später v e r s t a n d, so wie sie die Griechen, ja auch die Franzosen übten.«*

Abgesehen von einer solchen Ausnahmestelle, wo von dem Schönheitstyp nur noch das nackte Skelett übrig ist, zeigt sich derselbe im allgemeinen durch die Aphorismen in einer ganz anderen harmonischen und lebendigen Fülle.

Das echte Kunstwerk darf nur mit höchsten d r e i Vierteln der Kraft seines Urhebers hervorgebracht sein, sagt Nietzsche; es hat wie alle guten Dinge etwas Unbekümmertes; alle guten Dinge liegen wie Kühe auf der Weide. Der im guten Sinne anspruchsvolle Künstler soll niemals daran denken, den Hungrigen zu seiner Mahlzeit einzuladen; denn er weiß, daß dem Hungrigen die feinere Speise nicht besser mundet als die allergröbste. Neben den echten Arten der Kunst (*die der großen Ruhe, die der großen Bewegung*) gibt es zwei Abarten: »*die ruhesüchtige, blasierte Kunst und die aufgeregte Kunst*«; beiden ist daran gelegen, daß man ihre Schwäche für Stärke nähme. Jedes gute Buch schmeckt »*herb*«, wenn es erscheint; es hat den Fehler, neu zu sein. Jedes gute Buch ist für einen bestimmten Leser und seine Art geschrieben; ein Buch ist gerade deshalb mittelmäßig oder schlecht, weil es versucht, vielen zu gefallen und dabei Erfolg hat. Jedes gute Buch bestätigt die Wahrheit: »*Jedes Wort hat seinen Geruch; es gibt eine Harmonie und Disharmonie der Gerüche und also der Worte*«. Der gute Schriftsteller will einen k l e i n e r e n Wortvorrat als die vulgäre Menge, aber dieser soll b e s s e r sein. Die gewagten Bilder können Beweis für den Mut des Schriftstellers, aber auch Zeugnis seiner ermüdeten Phantasie sein; in jedem Falle künden sie von seinem schlechten Geschmack.

Die gemischten Arten in den Künsten zeugen von dem Mißtrauen, das ihre Urheber gegen ihre eigene Kraft hegten: Sie suchten »*Hilfsmächte, Anwälte, Verstecke*«, so der Dichter, der die Philosophie, der Musiker, der das Drama, der Denker, der den Rhetoriker zu Hilfe ruft. Wenn ein Künstler m e h r sein will als ein Künstler, zum Beispiel der moralische Erwecker seines Volkes, so verliebt er sich schließlich zur Strafe dafür in ein Scheusal von moralischem Stoff – und die Muse lächelt dazu, denn diese gutherzige Göttin kann aus Eifersucht auch boshaft werden.

Gewiß ist die Wirklichkeit das Höchste, das Erste und das Letzte, das einzig Wertvolle; daher soll sich auch der Künstler an dieselbe halten: »*Die Muse des Dichters, der nicht in die Wirklichkeit v e r l i e b t ist, wird eben nicht die Wirklichkeit sein und ihm hohläugige und allzu zartknochichte Kinder gebären.«* Wie der gute Prosastil nur Worte gebraucht, die zur Umgangssprache gehören, jedoch längst nicht alle, so wird der gute Dichter der Zukunft nur Wirklichkeit darstellen, aber nicht jede Wirklichkeit, sondern eine gewählte. Den Gärten der heutigen Poesie ist deutlich anzumerken, daß sie allzu nahe an Großstadtkloaken liegen: Mitten in den Blumenduft mischt sich etwas, das Ekel und Fäulnis verrät. Die für die Gegenwart charakteristischsten Dichter lieben es, auf einen rot, grün, grau und golden flackernden Hintergrund zu malen, der n e r v ö s e S i n n l i c h k e i t heißt, was zur Folge hat, daß selbst die größten Gestalten *»etwas Flimmerndes, Zitterndes, Wirbelndes«* an sich haben. In unseren Tagen sind die großen Künstler größtenteils *»Entfesseler des Willens«* und gerade dadurch bisweilen *»Befreier des Lebens«*; ihr Ruhm liegt im *»Abschirren, Kettenlösen, Zertrümmern«*. Es gab indessen eine Zeit, da lebten Dichter und Künstler, deren Seele über die Leidenschaften und deren Krämpfe hinaus war und die deshalb an reinlicheren Stoffen, würdigeren Menschen, *»zarteren Verknüpfungen und Lösungen«* ihre Freude hatten: *»Willens-Bändiger, Tier-Verwandler, Menschen-Schöpfer und überhaupt Bildner, Um- und Fortbildner des Lebens«*.

Und hierin liegt für Nietzsche der ideale Charakter und das Ziel der Kunst. Sicher ist für gewisse Epochen im Leben des Individuums und der Generation eine Kunst der Überspannung erforderlich, eine Kunst, die dem Widerwillen gegen das Geregelte, Eintönige, Einfache, Logische Ausdruck gibt. Aber diese Kunst steht unter dem höchsten Typ, wie der Jüngling unter dem Mann, wie Eva unter Adam, wie ein chaotisches Zeitalter unter einem harmonischen steht. Eine Kunst, wie sie aus Homer, Sophokles, Theokrit, Calderon, Racine, Goethe als Ü b e r s c h u ß einer weisen und harmonischen Lebensführung strömt – das ist die rechte und echte. Die letzte und schwerste Aufgabe des Künstlers ist es, das Gleichbleibende, in sich Ruhende, Hohe, Einfache zu gestalten – also bezüglich des Menschen als Gegenstand der Schilderung den gleichzeitig einfachsten und vollsten Menschen darzustellen.

Wie in einem kostbaren Tropfen Essenz, aus vielen Blumenblättern gepreßt, ist im folgenden Passus – mit der Überschrift »Der Dichter als Wegzeiger für die Zukunft« – der Saft all der Aphorismen, die Nietzsche in *»Menschliches, Allzumenschliches«* der Kunst gewidmet hat, enthalten: *»So viel noch überschüssige dichterische Kraft, welche noch in den jetzigen Menschen vorhanden ist, welche bei der Gestaltung des Lebens nicht verbraucht wird, so viel sollte ohne jeden Abzug einem Ziele sich weihen, nicht etwa der Abmalung des Gegenwärtigen, der Wiederbeseelung und Verdichtung der Vergangenheit, sondern dem Wegweisen für die Zukunft: – und dies nicht in dem Verstande, als ob der Dichter gleich einem phantastischen Nationalökonomen günstigere Volks- und Gesellschafts-Zustände und deren Ermöglichung im Bilde vorwegnehmen sollte. Vielmehr wird er, wie früher die Künstler an den Götterbildern fortdichteten, so an dem schönen Menschenbilde fortdichten und jene Fälle auswittern, wo mitten in unserer modernen Welt und Wirklichkeit, wo ohne jede künstliche Abwehr und Entziehung von derselben, die schöne große Seele noch möglich ist, dort wo sie sich auch jetzt noch in harmonische, ebenmäßige Zustände einzuverleiben vermag, durch sie Sichtbarkeit, Dauer und Vorbildlichkeit bekommt und also, durch Erregung von Nachahmung und Neid, die Zukunft schaffen hilft. Dichtungen solcher Dichter würden dadurch sich auszeichnen, daß sie gegen die Luft und Glut der Leidenschaften abge-*

schlossen und verwahrt erschienen: der unverbesserliche Fehlgriff, das Zertrümmern des ganzen menschlichen Saitenspiels, Hohnlachen und Zähneknirschen und alles Tragische und Komische im alten gewohnten Sinne würde in der Nähe dieser neuen Kunst als lästige archaisierende Vergröberung des Menschen-Bildes empfunden werden. Kraft, Güte, Milde, Reinheit und ungewolltes, eingeborenes Maß in den Personen und deren Handlungen: ein geebneter Boden, welcher dem Fuße Ruhe und Lust gibt: ein leuchtender Himmel auf Gesichtern und Vorgängen sich abspiegelnd: das Wissen und die Kunst zu neuer Einheit zusammengeflossen: der Geist ohne Anmaßung und Eifersucht mit seiner Schwester, der Seele, zusammenwohnend und aus dem Gegensätzlichen die Grazie des Ernstes, nicht die Ungeduld des Zwiespaltes herauslokkend: – dies alles wäre das Umschließende, Allgemeine, Goldgrundhafte, auf dem jetzt erst die zarten Unterschiede der verkörperten Ideale das eigentliche Gemälde – das der immer wachsenden menschlichen Hoheit – machen würden. – Von Goethe aus führt mancher Weg in diese Dichtung der Zukunft: aber es bedarf guter Pfadfinder und vor allem einer weit größeren Macht, als die jetzigen Dichter, das heißt die unbedenklichen Darsteller des Halbtiers und der mit Kraft und Natur verwechselten Unreife und Unmäßigkeit, besitzen.«

IV.

Es ist leicht zu merken, daß das Angeführte in einer Übergangsperiode geschrieben wurde, in der noch nicht alles klar oder, wenn auch klar, so doch innerlich widerspruchsvoll war, in der noch nicht alles die abgerundete Form des Ausgewachsenen erhalten hatte oder auch, falls soweit gediegen, wieder zerfiel. Der romantische Mystiker, der intuitive Metaphysiker hatte sich durch die Heftigkeit der durchstandenen Krise, die Bitterkeit der Enttäuschung und den Ekel gegenüber den einst verehrten Idealen auf einmal als ein zynischer Feueranbeter der kleinen Wirklichkeit entpuppt. Aber es war nicht sein ganzes Wesen von dieser Metamorphose betroffen gewesen; die Intelligenz schränkte mit kalter Hartnäckigkeit, beharrlichem Trotz und einer Art Triumphgefühl gegenüber dem alten, so kläglich düpierten Ich ihren Gesichtskreis ein; sie konnte die individuelle Farbe und den Klang der Persönlichkeit jedoch nicht daran hindern, sich, wenn auch bleich und gedämpft, über alles zu legen, alles zu durchdringen. Nietzsches Persönlichkeit war so ausgeprägt, daß sie in seiner ganzen Seelentätigkeit Bewegungsraum haben wollte. Dabei war diese Individualität so von Mystik, Lyrik, Sehergeist durchdrungen, daß sie nur in einem Augenblick der Selbstverleugnung ihren Mann der objektiven, unpersönlichen Forschung huldigen lassen konnte, einer ebensolchen Dichtung jedoch nicht einmal dann. So erklärt sich der Widerspruch zwischen Nietzsches Theorie von der Reduzierung der Kultur zu einer geistigen Chemie und seinem dithyrambischen Passus über den echten Dichter, der Widerspruch in seiner Auffassung des künstlerischen Vermögens als eines atavistischen Rudiments und zugleich zukunftsschaffenden Embryos im Menschen.

In Nietzsche waren, scheint es, zwei gleich ursprüngliche, gleich tiefliegende, gleich starke, jedoch einander so entgegengesetzte Grundtriebe vorhanden, daß sie dazu verurteilt waren, eine lange Zeit hart um die Vorherrschaft zu kämpfen, bis die innere Verschmelzung im Dichtergenie des *»Zarathustra«* erfolgen konnte. Der eine ist eine dionysische, mystische, weitumfassende, abenteuerlüsterne Phantasie, das Bedürfnis nach einer Vogelperspektive über vergangene und zukünftige Zeiten, die Titanenlust, mit der Weltgeschichte so umzugehen wie mit der Stunde, die du in deiner Hand hältst, die Freude daran, das Entwicklungsleben der Jahrhunderte in ein paar alles dominierende Kontraste zu simplifizieren. Der andere ist ein apollinisches Bestreben, dieses Chaos in alle seine Elemente aufzulösen, diese zu kondensieren und das Ganze mit Linien zu umziehen, eine antike Freude an dem Vormittagsstillen, Marmorkühlen, an dem Harmonischen und Einfachen – in der Wissenschaft an den sicheren Griffen, den aus dem Stein gemeißelten Fakten, die nicht verwittern können, in der Kunst an dem plastischen Gang, der reinen Kontur, den reinen Farben wie dem Marmorweiß, dem Sonnengold, dem Himmelblau, an den Togafalten, der vornehmen Einfachheit der Sprache, der beseelten Ruhe der Stimmung. In *»Geburt der Tragödie«* hatte der erstere das Übergewicht gehabt: wie feingeschwungen und fest in ihrem Guß die Sprache auch war – sie erinnert einen an altdeutsche Schmiedekunst – das Material war und blieb doch allzu wenig konsistente Forschung, allzu sehr metaphysische Hypothese, als daß die Arbeit das doppelte Wesen ihres Urhebers hätte befriedigen können. Noch weniger ließ sich das erreichen, als das andere Element die Übermacht erlangte und sein leichterkauftes Siegerglück dazu nutzen wollte, die Wissenschaft mikroskopisch und die Dichtung zum Maskenspiel zu machen. Dieses Stadium war wie eine kleine Welle, der eine weit größere unmittelbar folgte.

Indessen: auch die kleinen Wellen können kostbares Strandgut ans Ufer werfen. Nietzsche brachten sie zweierlei: den Stil und die psychologische Analyse. Von diesem Augenblick an ist er im Vollbesitz jener Sprache, die in ihrem gezähmten Überschwang, ihrem gezügelten Pathos, ihrem mächtigen rhythmischen Gewoge und ihrer Bergluftschärfe einzigartig und unvergleichlich dasteht. Von diesem Augenblick an verfügt er auch über den raffiniert geschärften und doch so gesunden Blick, mit dem er Herzen und Nieren durchforscht, um später unter allen sogenannten einfachen Stoffen den e i n z i g e n ursprünglichen Stoff in der Seelenchemie zu entdecken: den Willen zur Macht, von dem alle anderen bloße Modifikationen sind.

Wenn man diese beiden Grundtriebe vor Augen hat, die ich als die in Nietzsches Naturell vorherrschenden zu fixieren versucht habe, versteht man ohne Schwierigkeit, wie der Typ beschaffen sein sollte, der für ihn den Inbegriff des Kulturheros darstellen würde. Es mußte der sein, der mit der höchsten Wissenschaft über Mensch und Dasein künstlerisch virtuos umgeht; der tiefe Vereinfacher des Lebens und der Erscheinungen; der, der in seiner eigenen Seele das allumfassende Chaos einschließt, das Vergangene, das Kommende, der aber zugleich ein Ordner desselben ist, ein wissenschaftlicher Gruppierer, ein künstlerischer Bildner; der, der selbst alles besitzt, was die Menschheit in Jahrtausenden Kulturarbeit erworben hat, und sich all das so zurechtgelegt hat, daß es für ihn zu einem vielsaitigen Instrument geworden ist, auf dem er die verwegensten Zukunftsstücke spielen kann; mit anderen Worten und im Anschluß an Nietzsches eigene kulturhistorische Epochenskala: der Künstler, der sich aus der Larve des Wissenschaftlers als vom Zukunftssommer kündender Schmetterling erhoben hat.

Den Weg zu diesem letzten und höchsten Stadium, in dem der frühere Gegensatz zwischen Forscher und Künstler, geistigem Chemiker und Metaphysiker seinen Sinn verloren hat, tritt Nietzsche in *»Die fröhliche Wissenschaft«* an – einer Arbeit, die in ihren Schlußkapiteln einem hohen und weiten Portal zu den Regionen vergleichbar ist, in denen Zarathustra weilt.

»Fröhliche Wissenschaft« – im Wort selbst liegt ja das neue Ideal.

Jetzt wendet sich Nietzsche, in einem *»An die Realisten«* überschriebenen Abschnitt, direkt polemisch gegen den Naturalismus: *»Ihr nüchternen Menschen, die ihr euch gegen Leidenschaft und Phantasterei gewappnet fühlt und gerne einen Stolz und einen Zierat aus eurer Leere machen möchtet, ihr nennt euch Realisten und deutet an, so wie euch die Welt erscheine, so sei sie wirklich beschaffen: vor euch allein stehe die Wirklichkeit entschleiert und ihr selber wäret vielleicht das beste Teil davon – oh ihr geliebten Bilder von Sais! Aber seid nicht auch ihr in eurem entschleiertsten Zustande noch höchst leidenschaftliche und dunkle Wesen, verglichen mit den Fischen, und immer noch einem verliebten Künstler allzu ähnlich? – und was ist für einen verliebten Künstler ›Wirklichkeit‹! Immer noch tragt ihr die Schätzungen der Dinge mit euch herum, welche in den Leidenschaften und Verliebtheiten früherer Jahrhunderte ihren Ursprung haben! Immer noch ist eurer Nüchternheit eine geheime und unvertilgbare Trunkenheit einverleibt! Eure Liebe zur ›Wirklichkeit‹ zum*

Beispiel – oh das ist eine alte, uralte ›Liebe‹! In jeder Empfindung, in jedem Sinneseindruck ist ein Stück dieser alten Liebe: und ebenso hat irgendeine Phantasterei, ein Vorurteil, eine Unvernunft, eine Unwissenheit, eine Furcht und was sonst noch alles! daran gearbeitet und gewebt. Da jener Berg! Da jene Wolke! Was ist denn daran ›wirklich‹? Zieht einmal das Phantasma und die ganze menschliche Z u t a t davon ab, ihr Nüchternen! Ja, wenn ihr das *könntet! Wenn ihr eure Herkunft, Vergangenheit, Vorschule vergessen könntet – eure gesamte Menschheit und Tierheit! Es gibt für uns keine ›Wirklichkeit‹ – und auch für euch nicht, ihr Nüchternen –, wir sind einander lange nicht so fremd, als ihr meint, und vielleicht ist unser guter Wille, über die Trunkenheit hinauszukommen, ebenso achtbar als euer Glaube, der Trunkenheit überhaupt u n f ä h i g zu sein.«*

Andererseits zeichnet er bereits mit apollinischer Formbestimmtheit jenen dionysischen Zarathustra, dessen Lichtgestalt sich am Horizont als das neue Ideal eines Kulturheros erhob.

Er ist die schöpferische Kraft im Leben; er ist es, der ständig alles aus einem Nichts hervorbringt: die ganze ewig wachsende Welt von Wertsetzungen, Farben, Akzenten, Perspektiven, Abstufungen, Bejahungen und Verneinungen; er ist der Urheber jener Dichtung, die von den sogenannten praktischen Menschen eingelernt, ausgeübt, in Fleisch, Wirklichkeit, Alltäglichkeit umgesetzt wird. Was einen Wert hat in dieser Welt, hat diesen nicht seiner Natur nach in sich selbst – die Natur ist immer wertlos – sondern verliehen bekommen, und **er** ist der Gebende und Schenkende gewesen; er erst hat d i e W e l t, d i e d e n M e n s c h e n a n g e h t, geschaffen. Für ihn ist das Leben keine Pflicht, kein *Verhängnis*, keine *Betrügerei*, sondern ein Experiment für den *Erkennen-*

den; und diese Erkenntnis ist für ihn kein Ruhebett oder Weg zu einem solchen oder Faulenzerei, sondern eine Welt von Gefahren und Siegen. Und es ist vor allem dieser Gedanke: das Leben ein Mittel zur Erkenntnis, der der große Befreier ist und mit dem im Herzen man tapfer und fröhlich leben und vergnügt lächeln kann. Er ist der Gesunde, der Starke, der keinen wie auch immer gearteten Glauben nötig hat, weder einen religiösen noch einen metaphysischen noch einen wissenschaftlich-positivistischen; er ist der »freie Geist« par excellence, der keiner Gewißheit bedarf, um im Leben aufrecht zu bleiben und auch keinen Wunsch danach hegt, denn er ist daran gewohnt, sich auf leichten Seilen und Möglichkeiten zu halten, ginge es auch darum, über einem Abgrund zu tanzen! Er kann, wenn es darauf ankommt, über allem stehen, über der Moral, über dem eigenen Ich, und von oben auf alles herabsehen; er kann über den mürrischen, pedantischen, steifbeinigen Ernst der ersteren ebenso lächeln wie über den Narren, der sich in seinen eigenen Leiden versteckt. Er ist keiner von den flachen Denkern, in denen sich alle Sterne in zyklischen Bahnen bewegen; wenn er in sich selbst hineinschaut wie in einen unerhörten Weltraum, sieht er dort Milchstraßen, die kreuz und quer in das Chaos und Labyrinth des Daseins führen. Er ist die Persönlichkeit par preference, ganz und gar Persönlichkeit, mit der sich alles verbindet: Welt, Kunst, Wissenschaft, Moral; er steht als Denker in einem persönlichen Verhältnis zu seinen Problemen, so daß er in ihnen sein Schicksal, seine Not, aber auch sein bestes Glück sieht; denn er weiß, daß die großen Probleme nur so in den Griff zu bekommen sind, daß sie sich nicht von Göttern und *Schwächlingen* packen lassen – das ist ihr Geschmack seit Ewigkeit, ein Geschmack, den sie übrigens mit allen *»wakkern Weiblein«* gemeinsam haben. Er ist der ewig wachsende;

er wächst unaufhörlich, er wechselt ständig sein Äußeres, er häutet sich mit jedem Frühjahr, er wird immer jünger, zukünftiger, höher, stärker, er treibt seine Wurzeln immer mächtiger in die Tiefe – *in's Böse* – während er zugleich den Himmel immer liebevoller, immer breiter umarmt und dessen Licht mit all seinen Zweigen und Blättern immer durstiger in sich einsaugt; er wächst wie der Baum, nicht an einer Stelle, sondern überall, nicht in einer Richtung, sondern ebenso hinauf, hinaus wie hinein und hinunter; seine Kraft treibt zugleich in Stamm, Ästen und Wurzeln; es steht ihm gar nicht mehr frei, irgend etwas einzeln zu tun, irgend etwas Einzelnes noch zu s e i n . Er ist nicht wie die alten Philosophen, die meinten, durch die Sinne aus i h r e r Welt, dem kalten Reich der »Ideen«, auf ein gefährliches südlicheres Eiland weggelockt zu werden, wo ihre Philosophentugenden wie Schnee in der Sonne wegschmelzen würden; er teilt nicht den alten Philosophenaberglauben, daß alle Musik Sirenenmusik ist; er erweist sich im Gegenteil als Sensualist, der geneigt ist zu glauben, daß die I d e e n mit ihrem kalten anämischen Anschein schlimmere Verführerinnen seien als die Sinne. Vor allem ist er der Gesunde: *»Wir Neuen, Namenlosen, Schlechtverständlichen, wir Frühgeburten einer noch unbewiesenen Zukunft – wir bedürfen zu einem neuen Zwecke auch eines neuen Mittels, nämlich einer neuen Gesundheit, einer stärkeren, gewitzteren, zäheren, verwegneren, lustigeren, als alle Gesundheiten bisher waren. Wessen Seele danach dürstet, den ganzen Umfang der bisherigen Werte und Wünschbarkeiten erlebt und alle Küsten dieses idealischen ›Mittelmeers‹ umschifft zu haben, wer aus den Abenteuern der eigensten Erfahrung wissen will, wie es einem Eroberer und Entdecker des Ideals zumute ist, insgleichen einem Künstler, einem Heiligen, einem Gesetzgeber, einem Weisen, einem Gelehrten, einem*

Frommen, einem Wahrsager, einem Göttlich-Abseitigen alten Stils: der hat dazu zuallererst eins nötig, d i e g r o ß e G e s u n d h e i t – eine solche, welche man nicht nur hat, sondern auch beständig noch erwirbt und erwerben muß, weil man sie immer wieder preisgibt, preisgeben muß!... Und nun, nachdem wir lange dergestalt unterwegs waren, wir Argonauten des Ideals, mutiger vielleicht als klug ist, und oft genug schiffbrüchig und zu Schaden gekommen, aber, wie gesagt, gesünder, als man es uns erlauben möchte, gefährlich gesund, immer wieder gesund – will es uns scheinen, als ob wir, zum Lohn dafür, ein noch unentdecktes Land vor uns haben, dessen Grenzen noch niemand abgesehn hat, ein Jenseits aller bisherigen Länder und Winkel des Ideals, eine Welt so überreich an Schönem, Fremdem, Fragwürdigem, Furchtbarem und Göttlichem, daß unsere Neugierde ebensowohl wie unser Besitzdurst außer sich geraten sind – ach, daß wir nunmehr durch nichts mehr zu ersättigen sind! Wie könnten wir uns, nach solchen Ausblicken und mit einem solchen Heißhunger in Gewissen und Wissen, noch am g e g e n w ä r t i g e n M e n s c h e n genügen lassen? Schlimm genug: aber es ist unvermeidlich, daß wir seinen würdigsten Zielen und Hoffnungen nur mit einem übel aufrecht erhaltenen Ernste zusehn und vielleicht nicht einmal mehr zusehn. Ein anderes Ideal läuft vor uns her, ein wunderliches, versucherisches, gefahrenreiches Ideal, zu dem wir niemanden überreden möchten, weil wir niemandem so leicht das R e c h t d a r a u f zugestehn: das Ideal eines Geistes, der naiv, das heißt ungewollt und aus überströmender Fülle und Mächtigkeit mit allem spielt, was bisher heilig, gut, unberührbar, göttlich hieß: für den das Höchste, woran das Volk billigerweise sein Wertmaß hat, bereits so viel wie Gefahr, Verfall, Erniedrigung oder, mindestens, wie Erholung, Blindheit, zeitweiliges Selbstvergessen bedeuten würde; das Ideal eines menschlich-übermenschlichen Wohlseins und Wohlwollens, das oft genug un-menschlich erscheinen wird, z. B. wenn es sich neben den ganzen bisherigen Erden-Ernst, neben alle Art Feierlichkeit in Gebärde, Wort, Klang, Blick, Moral und Aufgabe wie deren lebhafteste unfreiwillige Parodie hinstellt – und mit dem, trotzalledem, vielleicht der große Ernst erst anhebt, das eigentliche Fragezeichen erst gesetzt wird, das Schicksal der Seele sich wendet, der Zeiger rückt, die Tragödie beginnt...«

So ist der neue Kulturheros, der Erste seiner Zeit, das Vorbild für den zukünftigen Menschen, für *»die guten Europäer«*. Sie sind die Kontemplativen, die aus sich selbst die Zukunftsstücke heraushorchen, die leise in ihnen tönen und in dem großen Ensemble vernehmbar werden. In den großen Städten bedarf es der stillen und freien weitläufigen Plätze zum Nachdenken – Plätze, wie die Kirchen es für die religiösen Menschen gewesen sind und wie die Antike sie kannte – Plätze mit hohen, langen Hallen gegen schlechtes oder allzu sonniges Wetter, wohin kein Lärm von Wagen und Ausrufern dringt und ein feinerer *»Anstand«* sogar dem Priester *»das laute Beten«* verbietet: *»Bauwerke und Anlagen, welche als Ganzes die Erhabenheit des Sich-Besinnens und Beiseitegehens ausdrücken«*. Aber in Erwartung dieser Asyle gegen das Gedränge und den Lärm des Pöbels geht Zarathustra hinauf zu dem großen geschützten Platz der Natur, hinauf in die Bergeinsamkeit.

V.

Eines Tages gehe ich auf einem der großen Pariser Boulevards und studiere das Leben, das sich zwischen dem Rinnstein und den Häusermauern regt. Das Gewimmel erscheint mit wie ein einziger bunter Fluß, ständig in Bewegung und ständig das Aussehen wechselnd und doch immer ein und derselbe; das Ganze ist ungreifbar in seiner Monotonie. Und das Ohr vernimmt dasselbe wie das Auge: einen einzigen brausenden, rollenden Strom von Geräuschen, wechselnd, vermischt und ermüdend monoton. Zeitweilig hebt sich der eine oder andere Gegenstand aus den ruhelos, sinnlos, atemlos voranwälzenden Massen heraus; ein Gesicht, eine Geste, ein Blick, ein ganzes kleines Interieur, ein Wort löst sich aus der vorwärtsgleitenden, vorbeigleitenden, fortgleitenden Einförmigkeit ab, hält sich einen Augenblick zitternd auf der Wellenoberfläche und wird dann wieder von den Brandungen verschluckt. Aber in diesem einen Augenblick, dem Bruchteil einer Sekunde, Minute, ist das Bild von meinen Sinnen fotografiert und im großen Speicher der Erinnerung eingelagert worden. Eine Platte nach der anderen wird abgezogen, die eine matter und schlechter, die andere mit den deutlichen Linien der Wirklichkeit. Ich selbst bin in diesem ganzen fließenden Milieu wie aufgelöst; alle geistigen Fähigkeiten strecken sich nach außen wie Fühler, wie Arme, um zu tasten, um sich zu schützen; der ganze feste Punkt in mir, den ich mein Ich nenne, strahlt durch meine Sinne aus; meine Seele ist wie ein Gegenstand, der von den Wellen hin- und hergeworfen wird. Mein Geist will mit sich selbst arbeiten, aber er muß, wie meine Körper, die Augen offen und die Ellenbogen bereit halten. Und wenn er später, am Abend, in der Einsamkeit des Zimmers, ruhend daliegt und betrachtet, was der Tag an Empfindungen, Gefühlen, Einfällen, Gedanken gebracht hat, dann läuft der Lärm, der gedämpft von der Straße hereindringt, wie eine Welle darunter hin, auf der alles schaukelt, die alles durcheinanderwirbelt und in der alles verschwindet, während der Geist, das Ich, ständig mechanisch aus seiner ungewohnten Stellung aufschreckt, wie ein nervöser Lauscher, mit gespannten Nerven und unsicheren Bewegungen, alle Arme und Fühler nach außen reckend, um zu tasten, um sich zu schützen, aus Gewohnheit und Reflex. Das Material fällt dem Ich aus den Händen; das Ich hat nur Zeit, es ganz oberflächlich zu ordnen; der Brennpunkt, in dem es zu einer Masse verschmolzen werden sollte, steht ohne Feuer, während dieses durch alle Sinne ausstrahlt.

Am Tag darauf liege ich in einer Schweizer Alpenlandschaft, einsam. Die Menschen sind fort; es ist, als wäre dem Dasein jegliche Bewegung genommen, und es entfällt meinem Gedächtnis, daß die kleinen Steinbunker unter mir Städte sind – mit Bewegung, mit Menschen. Ich empfinde nur die Steine im Berg, hinter mir, vor mir, um mich herum, und den ewigen Schnee auf ein paar Kämmen; und der Stein hat so lange reglos gelegen wie der Berg, und keiner von beiden kann sich soweit zurückerinnern, als der eine floß und der andere fiel, und die Luft, die um sie, um mich herum ruht, hat darüber so lange geschwiegen, daß sie die Stimme verlor. Mein Auge hat nichts zu tun, mein Ohr hat nichts zu tun; nichts flimmert vor dem einen, nichts zittert vor dem anderen; das Auge sieht nur den Stein und den Schnee, das Ohr hört nur die Lautlosigkeit, und der Stein, der Schnee, die Luft sind wie eine Dreieinigkeit der Reglosigkeit. Es drängt von innen herauf, in mein Auge, in mein Ohr, durch alle meine Sinne; es ist das Ich, das sich aus Gewohnheit und Reflex nach außen streckt; mein Blick irrt umher und mein Gehör strengt sich an, aber ich sehe nur die Reglosigkeit, höre nur die Lautlosigkeit. So wird es eine einzige, das ganze Wesen durchdringende Empfindung von Ruhe; die nervösen, zukkenden Reflexbewegungen des Ichs nehmen ab, und es sinkt in die Tiefe zurück, um in seinem Nest zu ruhen, reglos wie der Stein, der Schnee, die Luft, jedoch mit weitoffenen Augen, denkenden, träumenden, lebenden, unergründlichen Augen, in denen sich das All spiegelt, wie du eine Landschaft sich in einem Tierauge spiegeln sehen kannst – das All, die sichtbare Welt, die Welt der Träume, die Gedankenwelt, kolossal wie die Alpen, sich verlierend wie die weiße Farbe des ewigen Schnees und unendlich wie das Meer aus Luft, aber doch umzogen von derselben messerscharfen Linie, mit der die zackigen weißen Bergkämme sich vom Himmel abheben.

Dies als Beitrag zur Entstehungsgeschichte der modernen Dichtung. Ein objektiv-naturalistischer Roman in der Art Zolas und ein objektiv-naturalistisches Drama in der Art Ibsens entstehen unter denselben psycho-physiologischen Bedingungen und Prozessen, die denen entgegengesetzt sind, die bei der Genesis eines Gedichts wie *»Also sprach Zarathustra«* wirken.

Was ist dieses Buch, was bedeutet es und welche Stellung nimmt es in der gegenwärtigen Literatur ein?

Zola behandelt wissenschaftliche Fakten und Gesetze, auf die er seinen großen Romanzyklus aufgebaut hat, objektiv, unpersönlich; seine Personen gehorchen der Erblichkeitstheorie wie der fallende Stein der Schwerkraft, und diese

Theorie affiziert seine Sensibilität genausowenig wie diese Personen; er steht diesem Faktum ebenso affektiv unberührt gegenüber wie jedem anderen mehr oder weniger interessanten, beispielsweise, daß zwei mal zwei vier ist. Ibsen behandelt die gegenwärtigen Kulturströmungen auf ganz dieselbe Weise: objektiv, unpersönlich; er konstatiert heute die eine, morgen die andere, immer auf demselben neutralen Gefrierpunkt, der weder die Wärme der individuellen Sympathie noch die Kälte der individuellen Feindschaft aufweist, den Ausdruck des Blicks stets hinter blauen Brillengläsern verborgen, jedesmal mit demselben tiefsinnig-ohnmächtigen Fragezeichen schließend. Nietzsche schlägt sie beide in eins zusammen, dem gegenüber er sich als Kontrast behauptet: die Forschungsresultate und Kulturideale, die er vorführt, können nicht vom Boden seiner Persönlichkeit getrennt werden, sie sind eins mit jenem entblößten Punkt des Ichs, der Sensibilität heißt; er nährt diese seine Kinder mit dem eigenen Herzblut, wie der Pelikan seine Jungen.

Der wissenschaftliche Ballast in Zolas Dichtung ist eine Theorie, die seit langem populäres commune bonum gewesen, seit langem von den breiten Füßen des Vulgus plattgetrampelt und besudelt worden ist. Die Ideale, die Ibsen als Gegensatz im beiderseitigen Streit aufgestellt hat, weisen das Miniaturformat der »brennenden Fragen«, die Liliputgestalt der Tagesprobleme auf; was sich am besten dort zeigt, wo er, wie in »Rosmersholm«, dasselbe Problem wie Nietzsche behandelt: den aristokratischen Individualismus. Was ist Ibsens Dr. Stockman gegen Nietzsches Zarathustra!? Nietzsches Moralgenealogie ist neu, wie jeder Organismus ein neuer ist; und der Gegensatz feindlicher Kulturideale, den er aufstellt, umspannt die Entwicklungsgeschichte der ganzen Menschheit; Zarathustra steht mit dem einen Fuß in der tierischen

Vergangenheit, mit dem anderen in der Zukunft des Übermenschen.

In organisch bedingter Übereinstimmung mit diesen Unterschieden in der Art der Dichtung bei Zola und Ibsen auf der einen und Nietzsche auf der anderen Seite steht eine Unterschiedlichkeit in ihrer Form. Die Heroen des objektiven Naturalismus wählten den Roman und das Drama mit der gleichen Naturnotwendigkeit zur Gestaltungsform ihrer Schöpfung wie Nietzsche den lyrischen Monolog für die seine. Letzterer ist die sich spontan bildende Hülle einer Dichtung, die zwar die ganze Vielfalt und alle Konflikte des Daseins, der Geschichte und der Kultur einschließt, aber gemeinschaftlich aufgegangen und umgesetzt in e i n e r einzigen Persönlichkeit, die das Vergangene in kräftiger Essenz und das Kommende in nuce enthält.

Höchster Dolmetscher der Subjektivität in der modernen Literatur und als solcher der positive Wertschöpfer, dessen Werk der Zukunftsbrief der Menschheit ist – das ist die Art und Rolle des Dichters Nietzsche.

ERIK GLOSSMANN

Therapeut und Waffenbruder

Zu Ola Hanssons NietzscheEssays

Es ist heute, am Ende des 20. Jahrhunderts, schwer vorstellbar, daß Friedrich Nietzsche (15. 10. 1844 – 25. 8. 1900) zur Zeit seines geistigen Zusammenbruchs im Januar 1889 als Philosoph und Schriftstellern kaum bekannt war. Dabei lagen seine Werke zum größten Teil gedruckt vor – allerdings in kleinen Auflagen, vom Publikum ignoriert, von der Kritik, wenn überhaupt zur Kenntnis genommen, zumeist geschmäht. 1885 war Nietzsche gar gezwungen gewesen, den vierten Teil des »Zarathustra« selbst herauszugeben – in vierzig Exemplaren; Verleger Schmeitzner hatte das Vertrauen in seinen Autor und dessen ambitiöses Werk verloren. So ist die Dankbarkeit verständlich, mit der der in einen kleinen Kreis von Freunden und Verehrern eingesponnene und sowohl physisch als auch psychisch bereits angeschlagene Friedrich Nietzsche auf Interesse »von draußen, aus der sogenannten Wirklichkeit«[1] reagierte; zum Beispiel als er erfuhr, daß der berühmte dänisch-jüdische Kritiker und Kulturvermittler Georg Brandes (1842-1927) im Frühjahr 1888 an der Universität Kopenhagen eine Vorlesungsreihe »om den tyske filosof« veranstaltete, die zu einem Erfolg werden sollte. Lou Salomé

1 Werner Ross, *Der ängstliche Adler*, 2. Aufl., München 1994, S. 746f.

hatte den zeitweise in Berlin lebenden Brandes auf Nietzsche aufmerksam gemacht; Brandes wiederum empfahl ihn an August Strindberg (1849-1912) weiter, der sich am 4. Dezember 1888 in einem Brief bedankt und zugleich einen Hinweis gibt, in welcher Situation Nietzsches Gedanken die moderne schwedische Literatur erreichten:

> »Lieber Doktor Brandes!
> Dank für Ihre Freundlichkeit, mir mitten in meinem Kummer Nietzsche zu senden, eine Bekanntschaft, für die ich Ihnen viel schulde, da ich finde, daß er der freigemachteste, der modernste von uns allen ist (natürlich nicht zum wenigsten in der Frauenfrage) (...) – Denken Sie nicht schlecht von der jungen Literatur Schwedens. Wir können wohl schreiben, aber wir dürfen nicht! Wir fallen nicht ab, aber wir fallen ab, um wieder vollen Wind aufzufangen, wenn es bald wieder weht. Aber wann? – Noch einmal, herzlichen Dank, und möchten Sie Ihrem Genius länger folgen als wir unserem.
> Mit viel Erkenntlichkeit und Freundschaft
> Ihr August Strindberg«[1]

Strindberg spricht hier, im zweiten Teil des Briefes, für die Gruppe von Schriftstellern, die sich »Det unga Sverige« (Das junge Schweden) nannte. Besonders betroffen war sein späterer Freund Ola Hansson (geboren am 12. November 1860 in Hönsinge), der sich nach der Veröffentlichung des Prosabandes »Sensitiva amorosa« (1887) in einer schwierigen Lage befand: Von der Kritik auf plump-moralisierende Art »vernichtet«, sah er in seinem Heimatland keine Publikationsmöglichkeiten mehr. Er war tief enttäuscht, nicht nur über die

---

1 Zitiert nach: Walter A. Berendsohn, *August Strindberg*, Amsterdam 1974, S. 116f.

Ungerechtigkeit der Presse, sondern auch über das Ausbleiben von Unterstützung und Ermunterung aus dem Freundes- und Kollegenkreis. Verbittert und zeitweise deprimiert, fühlte er sich boykottiert. Aber er war jünger als Strindberg und mußte sich nicht wie dieser auch noch mit familiären Problemen herumschlagen. Im Gegenteil, »Sensitiva amorosa« fand das Interesse von Fräulein Laura Mohr (1854-1928), einer aus Riga stammenden Baltendeutschen, die zum engeren Kreis um Georg Brandes gehörte und unter dem Pseudonym Laura Marholm eigene Arbeiten, Rezensionen und Übersetzungen publizierte. Ola Hansson lernte sie im Sommer 1888 im Haus von Brandes kennen; am 27. September 1889 heirateten sie.

Ola Hansson mag also schon durch Brandes von Nietzsche erfahren haben, explizite wird er durch Strindberg auf ihn gestoßen. Ein Brief von August Strindberg vom 16. November 1888 leitet die nähere Bekanntschaft der beiden schwedischen Schriftsteller ein; Strindberg möchte einen Text Hanssons für sein »Skandinavisches Versuchs-Theater« (Théatre libre) bearbeiten. Bald darauf besucht Ola Hansson Strindberg in Holte; in Folge korrespondiert man regelmäßig, tauscht Ermutigungen, Informationen, Lektüreempfehlungen und Bücher. Ola Hansson bewundert den Älteren und bemüht sich, dessen Werk im Ausland, vor allem im deutschsprachigen Raum, bekanntzumachen. Dabei sind Laura Marholm-Hanssons Tatkraft, ihr Geschick und ihre guten Beziehungen zu den intellektuellen Kreisen und Redaktionen eine große Hilfe. Strindberg nutzt den Briefwechsel mit dem Jüngeren, Gleichgesinnten, um sich seine Sorgen, Nöte und Ängste, auch die persönlichsten, von der Seele zu schreiben, wobei er mitunter Theorien entwickelt, die den jungen Familienvater (Ola Hansson jr. wurde im September 1890 in der Schweiz geboren) erschreckt haben dürften.

Ola Hansson ist in dieser Zeit hauptsächlich von Edgar Allan Poe eingenommen, bewundert Hans Jaegers kühne Provokationen, schätzt Jens Peter Jacobsens Erzählkunst und kennt überhaupt die wichtigen Werke seiner skandinavischen Kollegen, liest die modernen Franzosen, vor allem Paul Bourget und Joris-Karl Huysmans, sowie »psychiatrische« Schriften, zum Beispiel von Moreau, Ribot, Lombroso. Und Nietzsche, der ihn zunächst verwirrt: »Gerade bin ich mit ›*Jenseits von Gut und Böse*‹ befaßt! Ich habe zuvor eine Arbeit von Nietzsche gelesen: ›*Zur Genealogie der Moral*‹. Ich verspüre jetzt das selbe Gefühl wie damals: Es ist, als säße ich auf einem Karussell. Alles dreht sich für mich. Aber ich nehme an, daß man diesen Mann mehr als einmal und gründlich lesen muß. Ich vermisse den archimedischen Punkt, einen stabilen Sockel an Fakten. Das Ganze erscheint mir wie ein phantastischer hängender Garten«, schreibt Ola Hansson am 5. Dezember 1888 an Strindberg. Der wiederum gibt in einem Brief vom 28. Januar 1889 seine Lektüreerfahrung zum Besten: »Ich glaube, Nietzsche macht mich blind, weil mein Gehirn wie eine Wunde ist! Aus Überanstrengung, aber er macht mich gewiß auch verrückt! Denn sein unerhörtes Selbstgefühl in seinen Büchern hat mir ein ebensolches verliehen!« Am 14. Februar 1889 teilt Ola Hansson Strindberg auf einer Visitenkarte mit, er habe Zarathustra von anderswo erhalten; offenbar hatte er Strindberg gebeten, ihm das Werk zu leihen. »Diesen Mann zu lesen, ist wie Bergluft atmen oder auf das Meer hinausschauen«, schwärmt Ola Hansson am 13. März 1889. Am 20. desselben Monats fragt er an, ob Strindberg ihm für einige Tage Nietzsches »Genealogie der Moral« überlassen könnte; einen Tag später korrigiert er sich, nicht die »Genealogie«, sondern »Jenseits von Gut und Böse« sei gemeint. Am 27. März 1889 bedankt sich Ola Hansson für eine Einladung Strindbergs, ihn zu besuchen, und verspricht: »Dann werde ich Deinen Philosophen, Schopenhauer, lesen, von dem ich so unverzeihlich wenig Kenntnis habe. Du hast wohl seine Werke? Wenn Du Nietzsches ›*Morgenröte*‹ und ›*Menschliches-Allzumenschliches*‹ lesen willst, werde ich sie Dir mitbringen. Ich habe jetzt ›*Zarathustra*‹ gelesen; ich genieße ihn gleichermaßen als Poesie und Zukunftsphilosophie.« Am 15. Mai 1889 bittet Ola Hansson Strindberg, ihm ›*Menschliches, Allzumenschliches*‹ zurückzusenden und erkundigt sich, ob er gelesen habe, daß »Nietzsche in ein italienisches Irrenhaus eingeliefert wurde. In der Notiz dazu hieß es auch, daß er ein neues Buch geschrieben hat: ›*Götterdämmerung*‹.«

Im Herbst 1889, nach Ola Hanssons Hochzeit, kommt Strindberg wieder auf Nietzsche zu sprechen, offenbar im Zusammenhang mit Ola Hanssons Aufsatz »Nietzscheanismus in Skandinavien«. Er reklamiert für sich, bestimmte Auffassungen bereits vertreten zu haben, bevor ihm Nietzsche bekannt gewesen sei. In einem Brief vom 22. Oktober 1889 bestätigt ihm Ola Hansson, mit »Die Kleinen« unbestreitbar ein Vertreter des »›*Nietzscheanismus in Skandinavien*‹ vor G.B. (Georg Brandes – E.G.)« gewesen zu sein und bedauert, dies in seinem Artikel (der zuerst am 15. 10. 1889 in der *Neuen Freien Presse* in deutsch erschien) nicht erwähnt zu haben. Weiterhin äußert er sich abfällig über Verner von Heidenstams »Renässans«; »Lebensfreude« könne »nur von einem Mann, der niemals Nietzsche gelesen und daher glaubte, mit etwas Neuem zu kommen«, gepredigt werden.[1]

Nietzsche betreffende Passagen im Briefwechsel Ola

---

1 Alle Briefzitate wurden übersetzt nach: *August Strindbergs och Ola Hanssons brevväxling*, Stockholm 1938.

Hansson – August Strindberg werden hier referiert, weil kaum andere Quellen zur Beschäftigung Ola Hanssons mit dem deutschen Dichter und Philosophen existieren. Es soll noch einmal daran erinnert werden, daß es, lange Zeit jedenfalls, kaum jemanden gegeben hat, mit dem Ola Hansson über Nietzsche hätte korrespondieren können. Außer Strindberg kam noch Georg Brandes in Frage – doch der war auf Ola Hansson inzwischen gar nicht mehr gut zu sprechen. Brandes hatte die Quintessenz seiner Kopenhagener Nietzsche-Vorlesungen von 1888 unter dem Titel »En afhandling om aristokratisk radikalisme« im August 1889 in Dänemark veröffentlicht. Der Aufsatz sollte möglichst bald auch in deutscher Sprache erscheinen; Laura Marholm hatte bereits vorab das Manuskript bekommen und war mit der Übersetzung beauftragt worden. Brandes wartete jedoch lange vergebens auf die Erledigung der Arbeit und mußte schließlich feststellen, daß ihm Ola Hansson den Ruhm des ersten Nietzsche-Propagandisten in Deutschland genommen hatte: In *Unsere Zeit* Nr. 11/1889 erschien der Beitrag »Friedrich Nietzsche. Die Umrißlinien seines Systems und seiner Persönlichkeit. Kritischer Entwurf.« Brandes war verstimmt und äußerte sich offenbar dahingehend, Ola Hansson habe ihn mit Laura Marholms Hilfe geistig bestohlen. Dies wurde den Hanssons hinterbracht, worauf Ola Hansson Brandes am 9. Januar 1890 mitteilte: »Was meinen Nietzsche-Artikel angeht, so möchte ich klarstellen, daß ich diesen im vergangenen Frühjahr schrieb, ohne Ihren Aufsatz über Nietzsche gelesen oder Ihre Vorlesungen über ihn gehört zu haben.«[1] Es kam zum Bruch zwischen den Familien, zumal Brandes Lau-

1 Übersetzt nach der von Görgen Antonsson herausgegebenen Auswahl: *Ola Hansson*, Man skriver om himmelriket när man har helvetet inom sig, Lund 1990.

ra Marholms Übersetzung auch noch kritisierte. Diese wurde erst im April 1890 in der Berliner *Deutschen Rundschau* unter dem Titel »Aristokratischer Radicalismus. Eine Abhandlung über Friedrich Nietzsche« abgedruckt.

Ola Hanssons Artikel in »Unsere Zeit« markiert den eigentlichen Beginn der Nietzsche-Rezeption in Deutschland und kann als Vorstudie zu dem in diesem Band veröffentlichten umfassenderen Essay »Friedrich Nietzsche. Seine Persönlichkeit und sein System« angesehen werden. Im Februar 1889 war Ola Hansson noch (wie auch im Brief an Strindberg vom 15. Mai 1889) der Meinung, Nietzsche befinde sich in einer italienischen Irrenanstalt und sei möglicherweise vorübergehend geistesgestört. Noch fehlten, verglichen mit der hier vorliegenden Fassung, die einleitenden Abschnitte I und II sowie der abschließende Teil VIII, desgleichen viele der biographischen Angaben. Der Artikel fand Aufmerksamkeit, so daß auch die *Frankfurter Zeitung* Ola Hansson um einen Beitrag über Friedrich Nietzsche bat. Dieser wurde in zwei Folgen am 9. und 11. März 1890 veröffentlicht und ist im wesentlichen mit den Abschnitten I, II und VIII des hier vorgelegten Essays identisch, dazwischen wurde eine Zusammenfassung des Textes aus *Unsere Zeit* montiert. Für das schwedische Originalmanuskript von »Friedrich Nietzsche. Seine Persönlichkeit und sein System« gibt Ola Hansson allgemein 1889-1890 als Entstehungszeitraum an; es ist also nicht genau festzustellen, ob der Beitrag für die *Frankfurter Zeitung* aus dem Gesamttext entwickelt wurde oder ein weiteres Zwischenergebnis darstellte.

Spätestens im Juli 1890 lag der von Laura Marholm aus dem Schwedischen übertragene vollständige Text »Friedrich Nietzsche. Seine Persönlichkeit und sein System« als Broschüre gedruckt vor, im Verlag von E. W. Fritzsch in Leipzig, der zu dieser Zeit auch die Bücher und Schriften Nietzsches aus den Jahren 1886/1887 lieferbar im Programm hatte. Am 24. Juli 1890 schrieb Ola Hansson Strindberg im Postskriptum eines Briefes, er habe ihm die »deutsche Nietzsche-Broschüre« geschickt. Etwa zeitgleich erschien die von Arne Garborg übersetzte und eingeleitete norwegische Ausgabe »Friedrich Nietzsche. Hans Personlighed og hans System« in Albert Cammermeyers Forlag Christiania og Kjobenhavn, der ein Artikel in *Samtiden* vorausgegangen war. Das schwedische Publikum mußte sich lange mit einer etwa dem Artikel in der *Frankfurter Zeitung* entsprechenden gekürzten Fassung »En framtidssiare. En essay öfver Friedrich Nietzsche« in *Ur dagens krönika* Nr. 6 vom Juni 1890 begnügen. Erst im Rahmen der »Samlade skrifter« (Band 10 »Tolkare och siare«, Tidens Förlag, Stockholm 1921) wurde Ola Hanssons Nietzsche-Essay vollständig nach dem Original gedruckt. Diese Edition letzter Hand liegt der hier vorliegenden Neuübersetzung zugrunde, die mit dem Untertitel der deutschen Erstausgabe versehen wurde.

Ola Hansson beginnt seine Darstellung von Leben und Werk des deutschen Schriftstellers und Philosophen Friedrich Nietzsche mit einem Hymnus, in dem dessen Dichtung mit dem »großen Meer« verglichen wird, dem »Unergründlichen«, dem »mystisch Lockenden«. Von »grandioser Schönheit« ist da die Rede, von »Sturmtagen und Morgenröten«, vom »größten aller Raubtiere der Erde«, aber auch vom »großen Einsamen«, vom »Anbeginn der Zeiten«, vom »stolzesten aller Herren«; schließlich von »ewiger Gesundheit« und dem »Bad, dem die Menschheit immer wieder verjüngt entsteigen kann«. Keine Frage, Ola Hansson hat Nietzsches Schriften wie eine Offenbarung gelesen; seine Methode ist nicht kritische Analyse, sondern intuitives Erfassen im Sinne von »Einfühlung und Verstehen«; Morallehre und Wertbestimmungen werden vorbehaltlos akzeptiert. Daraus resultiert auch die Form: Es handelt sich um eine Art poetisches Resümee, das sich dem Stil Nietzsches anpaßt, um die Wucht und Kühnheit nicht nur der Ideen, sondern vor allem auch der Sprache deutlich zu machen. Nicht philiströse Gelehrsamkeit zu verbreiten ist Ola Hanssons Ziel, sondern einen Zukunftsseher vorzustellen: »Die Wissenschaft kann nur das in Angriff nehmen, was mit dem bereits zuvor Abgegrenzten und Behandelten verbunden ist; ihr ist nicht weiter damit gedient, Studienreisen in Siebenmeilenstiefeln oder auf Ikarusschwingen zu unternehmen. Gewiß ist Nietzsche genauso groß wie Darwin, und mit Sicherheit ist er mehr Dichter als Wissenschaftler. Glaubst Du, daß er zu seinem blonden Heros durch Verstandesreflexion gelangt ist – ich bin sicher, daß er ihn zuerst als eine strahlende Vision gesehen hat. (...) Was ist Nietzsches philosophischer Traum anderes als eine Zusammenfassung all der aristokratischen Instinkte, die jetzt, da die demokratische Ära bevorsteht, in allen überlegenen Seelen aufsteigt? Eine poetische Synthese!«[1] Nietzsche, der »Sturmherd und Ausgangspunkt großer Wogen«, der Rebell und Revolutionär, wird mit seinen Grundideen, davon ist Ola Hansson überzeugt, die Literatur, das Alltagsleben, die Städte, den Umgang der Menschen und die Lebensgewohnheiten »von Grund auf verändern; in der Hand des Gesellschaftsreformators müßten sie bisher ungesehene soziale Konstellationen hervorrufen (...) Die starken Individualitäten, die stolzen selbstwilligen Naturen würden auf eine ganz andere Art als bisher Spielraum bekommen.«

Bei so viel ehrlicher Begeisterung und angesichts der Pio-

---

1 *August Strindbergs och Ola Hanssons brevväxling*, a. a. O.

nierleistung, die der junge Schwede vollbracht hat, verzeiht man dem Werk seine zeit- und situationsbedingten Schwächen. Sekundärliteratur gab es (noch) nicht, ein persönlicher Kontakt zu Friedrich Nietzsche war nicht (mehr) möglich, daher bezog er seine biographischen Informationen von einer »Familie, die mit Nietzsche von seiner Kindheit an verkehrte«. Mit großer Wahrscheinlichkeit sind Professor Max Heinze (in einem Brief an den Bruder Nils Hansson als »Heintse« erwähnt) und seine Frau gemeint; Ola Hansson hatte die Jugendfreunde Nietzsches Ende Februar 1890 in Leipzig besucht. Ein Fehler unterlief dem Autor bei der Bestimmung der Reihenfolge der Entstehung von Nietzsches Werken; er setzt die »Unzeitgemäßen Betrachtungen« vor die »Geburt der Tragödie«, und er behandelt die »Götzendämmerung«, ohne die zuvor entstandene Schrift »Der Fall Wagner« (1888) auch nur zu erwähnen. Dies könnte mit dem eingangs angedeuteten und auch im Briefwechsel mit Strindberg wiederholt anklingenden Problem zu tun haben, daß die Werke Nietzsches in geringer Auflage existierten und nur mit Mühe beschafft werden konnten. So erklären sich einige (nicht sinnentstellende) Ungenauigkeiten und Auslassungen beim Zitieren, die wie auch Eigenheiten der Interpunktion zum Teil in diese Neuübersetzung übernommen wurden, um die Authentizität zu wahren. Daß in der Privatbibliothek der Hanssons nicht alle Ausgaben Nietzsches ständig vorhanden waren und man sich zuweilen wahrscheinlich auf Exzerpte stützen mußte, ist auch der alten Übersetzung von 1889/90 anzumerken. Neben einigen Unkorrektheiten und Eigenarten (Brandes Kritik an den muttersprachlichen Fähigkeiten der im Baltikum aufgewachsenen Laura Marholm, die lange in Dänemark gelebt hatte, entbehrte wohl nicht jeder Grundlage) fällt die Unsicherheit auf, indirekte Zitate als solche zu erkennen. Dafür »ergänzte« die ehrgeizige Schriftstellerin den Text ihres Mannes um einige belanglose Schnörkel. Dennoch lag mit »Friedrich Nietzsche. Seine Persönlichkeit und sein System« eine für damalige Verhältnisse gründliche, informative und in ihrer poetisch-essayistischen Form ansprechende Arbeit vor; ein Rezeptionsmuster, das von vielen aufgegriffen wurde, nicht nur in Deutschland.

Die Nietzsche-Lektüre war 1888/89 wie eine Therapie für das angeschlagene Selbstbewußtsein des Verfassers von »Sensitiva amorosa« und half ihm, die Lebenskrise zu überwinden; mit »Zarathustra« gab ihm der Deutsche, auch er ein »großer Einsamer«, eine Waffe in die Hand, gegen die »Philister« im eigenen Land vorzugehen. »Ung Ofegs visor« (Jung-Unfeigs Lieder, geschrieben im Frühjahr 1889) werden zu Ola Hanssons höchstpersönlicher Zarathustra-Dichtung und zur ganz privaten Abrechnung mit unfairen Kritikern und feigen Freunden. Die ihm zugefügten Kränkungen – *Aftonbladet* hatte »Sensitiva amorosa« als »eines der schändlichsten Produkte einer entarteten Phantasie« gegeißelt – vergalt er in seinem »lyrischen Monolog« mit Hohn und Spott. Für Ola Hansson war dies wie ein Gewitter, das ihm die Seele reinigte. Sonst schadete es niemandem, denn in Schweden wurde das Prosapoem erst 1892 gedruckt.

Es ist wiederum bezeichnend, daß Nietzsches Einfluß in so sensiblen Naturen wie August Strindberg und Ola Hansson nicht philosophische Gedankengebäude entstehen ließ, sondern die literarische Produktivität beförderte. Beide waren für die Ideen vom »Übermenschen« unter anderem deshalb empfänglich, weil sie, wie anfangs geschildert, von einer bornierten Öffentlichkeit in eine Isolation gedrängt wurden, die intellektuellem Aristokratismus idealen Nährboden bot. Während sich Strindberg jedoch schon mit dem 1889/90 entstandenen Roman »I havsbandet« (Am offenen Meer) vom Elitegedanken distanziert – er läßt seinen »Übermenschen«, den Fischereiinspektor Borg, in der Schärenwelt zugrunde gehen, einsam unter »gewöhnlichen Leuten« – nutzt Ola Hansson Nietzsche für neue Attacken in der ästhetischen Debatte.

Bereits am 5. März 1890 hatte er aus Berlin, Kurfürstenstraße 48, an Strindberg geschrieben und sich darüber beklagt, daß der »konstruierte, abstrakte, ›*objektive*‹ Ibsen« das Ideal in Deutschland sei. »Aus dem Grunde ist ja Nietzsche bis dato so gut wie unbekannt, unbeachtet gewesen. Daß eine solche dogmatische naturalistische Ästhetik kommen würde, war hier natürlicher als in einer anderen Literatur; aber ich glaube nicht, daß ihr Kodex lange leben wird.«[1] Diese Zeilen, die gut aus dem vierzehn Monate später (in *Die Gegenwart* vom 2. 5. 1891) erstmals veröffentlichten Aufsatz »Friedrich Nietzsche und der Naturalismus« stammen könnten, deuten an, daß Ola Hansson nach einer Phase nahezu kritiklos-schwärmerischer Begeisterung für den »Seher«, den »tiefsten aller modernen Geister«, zu einer rationaleren Positionsbestimmung übergegangen ist. Intuition und Subjektivität hatte er an Nietzsche gelobt – dies waren auch seine eigenen Stärken. So sieht er in dem »repräsentativen Deutschen« einen Waffenbruder, bewundert in ihm die »harmonische Verschmelzung« von Forscher, Kulturreformator und Dichter und führt ihn gegen den »wissenschaftlichen Dilettanten« Zola, den »moralischen Spießbürger« Ibsen und den »konfusen Ignoranten« Tolstoi ins Feld. Vollständig und in schwedischer Sprache ist der 1890 entstandene Essay »Friedrich Nietzsche och naturalismen« erst 1931 in Band 4 der »Efter-

1 Ebd.

lämnade skrifter i urval« veröffentlicht worden; diese Ausgabe bildete die Grundlage der hier vorliegenden Übersetzung. Die deutsche Fassung von 1891 weist gegenüber dem schwedischen Originalmanuskript geringfügige, offenbar durch die Redaktion von »Die Gegenwart« vorgenommene Kürzungen und Änderungen auf.

Reaktionen auf die agitatorischen Einsätze des Schweden Ola Hansson in Deutschland ließen nicht lange auf sich warten. »Alle deutschen Publikationen sind nun eiligst voller Nietzsche«, stellt er am 8. August 1890 in einem Brief an Strindberg fest und kann darauf durchaus stolz sein, hat er doch entscheidenden Anteil daran. Neben Zustimmung und Bestätigung, die sich vor allem darin äußert, daß seine Anregung aufgenommen und Nietzsche gelesen wird, melden sich die ersten warnenden und ablehnenden Stimmen. Als Beispiel soll hier der Artikel des Berner Professors Ludwig Stein dienen, der in *Deutsche Rundschau* Heft 8/1893 erschien. Nachdem Stein die Ideen Nietzsches kritisiert, den Schriftsteller gelobt und dessen menschliches Schicksal bedauert sowie Ola Hansson, »einen der begabtesten unter den halbreifen Naturalisten«, als einen der Fahnenträger des nietzscheanischen »Neo-Cynismus« identifiziert hat, weist er auf die Gefahr hin, die von den »verführerischen Schlagwörtern« ausgehe, da »die philosophische Bildung unserer Zeit (...) eine zu mangelhafte, oberflächliche, von den Meisten nur systemlos zusammengeraffte« sei. In der Anhängerschar Nietzsches entdeckt er »obenan den Socialismus und dessen verschämten schöngeistigen Moniteur, die *›Freie Bühne‹*« sowie weiterhin die »sehr, sehr freien Geister« der »jungdeutschen naturalistischen Schule«, die sich um die Zeitschrift »Die Gesellschaft« geschart haben. Professor Stein warnt vor den »Aposteln des Culturüberdrusses«: »Unsere Zeit ist ohnehin schon über

Gebühr nervös gereizt. Durch die kirchlich-dogmatischen Streitigkeiten, die sich bis in die Zeitungsspalten hinein verirren, wird an den Grundvoraussetzungen aller bestehenden Confessionen gerüttelt. Durch die socialistische Agitation wird heute auf dem ganzen Erdenrund an unseren Grundbegriffen von Eigenthum, Gesellschaft und Staat kritisch herumgezerrt. Nun soll, um das Maß voll zu machen, gar noch unsere gesammte Moral, ja die Cultur überhaupt in Frage gestellt werden –, das heißt dem armen Kopf des Durchschnittsgebildeten denn doch zu viel zugemuthet!« Dennoch ist ihm die Faszination, die vom »aristokratisch-anarchistischen Individualismus« ausgeht, bewußt: »Es ist Gefahr im Verzug, darum auf die Schanzen! Der Neocynismus Nietzsches wird, wie man aus allen Anzeichen schließen muß, ungeachtet seiner philosophischen Unzulänglichkeit und sociologischen Naivität, die Modephilosophie der nächsten Zukunft werden.«

Es spricht für Ola Hansson, daß er nicht mit der Mode geht, der er zum Durchbruch verholfen hat. Er, der sowohl für die *Freie Bühne* als auch für *Die Gesellschaft* schreibt und darüber hinaus in fast allen intellektuellen Blättern vertreten ist, kommt in seinen Beiträgen mehrfach auf Nietzsche zurück, stellt ihm aber nach und nach andere »Kulturkämpfer« zu Seite, Max Stirner etwa oder Julius Langbehn, den Verfasser von »Rembrandt als Erzieher«. Das Ehepaar Hansson hat Schweden 1890 verlassen und lebt bis 1893, von längeren Reisen abgesehen, in Berlin und Friedrichshagen. Ola Hansson betätigt sich emsig und erfolgreich als Kulturvermittler und publiziert, unterstützt von seiner tüchtigen Gattin, im ganzen deutschsprachigen Raum, in Norwegen, Dänemark... Nur in Schweden bleibt ihm eine angemessene Akzeptanz nach wie vor verwehrt, obwohl sich Strindberg für ihn einsetzt. Die Stockholmer Verleger lassen sich weder für Ola Hanssons eigene Arbeiten noch für eine Übersetzung von Nietzsches »Zur Genealogie der Moral« interessieren. Ola Hansson und Laura Marholm dagegen sind, was die Durchsetzung Strindbergs in Deutschland angeht, ungleich erfolgreicher und wollen ihn deshalb nach Friedrichshagen, ins »Hauptquartier der Unabhängigen«, locken. Bereits in einem Brief vom 11. Dezember 1890 hatte Ola Hansson versucht, Strindbergs Vorbehalte auszuräumen: »Daß Deutschland künstlerisch tiefer steht als das übrige Europa, steht ja fest – das sagt fast jede deutsche Publikation zu jeder Gelegenheit. Aber daß das Kulturniveau das selbe wie zu Hause sein soll – glaubst Du doch wohl selber nicht. Was ist die Brandes'sche Literatur politisch, sozial, religiös groß anderes als 1848er Ideen, mit moderner französischer Ästhetik und moderner englischer Philosophie bestrichen? Und glaubst Du, Schweden könnte einen Nietzsche produzieren? Schweden ist das Land der unverträglichen Dummheit par preference, in Deutschland erkennt man seine eigene Sterilität und hat den absolutesten guten Willen, manchmal auch das Vermögen, das Neue zu würdigen und zu unterstützen, auch wenn es fremd ist und aus einem Liliputland kommt. Schweden ist feige, feige aus Dummheit, und dies vor allem, weil Stockholm dominiert. Könnte der Schwerpunkt nach Schonen verlegt werden, würde sich das Verhältnis vielleicht ändern.«[1] Die Korrenspondenz endet am 30. September 1892, Strindberg kommt nach Friedrichshagen und wohnt zunächst im Hause der Familie Hansson, Lindenallee 2 (heute 20). Doch es geht nicht gut. Strindberg fühlt sich durch die für ihn veranstaltete Geldsammlung gedemütigt und bald auch von

1 Ebd.

der energischen »Mara« bedrängt und vereinnahmt. In seinem Verfolgungswahn wittert er überall »Marholmiaden« und äußert sogar den Verdacht, Ola Hanssons Frau habe ihm die Nietzsche-Briefe gestohlen. So endet die Freundschaft am krankhaften Mißtrauen August Strindbergs; er verläßt »Friedrichshölle«.

1893 ziehen die Hanssons auf den Hof Ledersberg bei Schliersee. Nach turbulenten Monaten findet das Schriftstellerehepaar in ländlicher Ruhe zu neuer literarischer Produktivität. Oberbayern wird für Ola Hansson zur Ersatzheimat. Seine Herkunft – er stammte aus einem alten schonischen Bauerngeschlecht – machte ihn empfänglich für den Pangermanismus und Bauernkult des »Rembrandtdeutschen« Langbehn. Nietzsche hatte die Herkunft der Moralbegriffe untersucht, die alte Sündentafel zerschlagen und den Menschen auf die Zukunft verpflichtet: »Große Menschentypen hervorzubringen, das sollte seine Aufgabe sein. Nicht Glück und Leidlosigkeit, sondern die langsamen Erhöhungen des Wesens durch das Leiden, das überwunden werden muss; so lautete das neue Programm. Es befreite Ola Hansson von der Ueberwucherung der krankhaften Wehleidigkeit für sich und Andere; es gab ihm das Recht, zu leben, ja, die Pflicht, das Beste aus sich herauszuleben. Aber Nietzsche, das war ein sehr fernes Ziel; wer ihm unbedingt folgte, überkletterte sich, wie Nietzsche es selbst gethan. Anders Hansson. Er hatte genug von fremden Systemen und Erkenntnissen. Er wollte im Eigenen stehen, die Erde unter seinen Füssen spüren, die Erde, die mit so mächtigen Stimmen in ihm sprach. In der Persönlichkeit, also in der organischen N e u bildung, die er war, wurde das Uralte wach, das Gemeinsame und Ererbte: der Bauer wurde in ihm wach und der Germane: drum verstand er das Buch ›*Rembrandt als Erzieher*‹ so gut. Und nun gestaltete er seine Idealwelt aus, die persönlich war und doch racenbedingt, eine aristokratische und zugleich volksthümliche Welt. Nicht dem Bourgeois, aber auch nicht dem Proletarier, sondern dem Bauer musste die Zukunft gehören«, so beschrieb die Wiener Übersetzerin Marie Herzfeld in der Rückschau Ola Hanssons Entwicklung[1]. Dieser hatte in einem Brief vom 21. März 1892 an Viktor Rydberg selbst eine Analyse seines Verhältnisses zu Nietzsche gegeben: »Als ich N:s Schriften zum ersten Mal in die Hand bekam, befand ich mich in einer ziemlich kritischen Lage, der kritischsten meines Lebens. Ich hatte mich, halb notgedrungen, halb freiwillig, vom ganzen Leben in die ländliche Einsamkeit zu Hause in Schonen zurückgezogen. Private Angelegenheiten hatten mich sehr deprimiert, und als Schriftsteller war ich ja geächtet worden. Aber am schlimmsten war, daß mir das ganze geistige Leben daheim wie ein einziger Morast erschien, wo man keinen festen Boden unter die Füße bekommen konnte. Meine eigene Generation, mit der ich gegangen war, empfand ich als steril, klein und grau, ich fühlte ein tiefes Unbehagen bei der Erinnerung an die Verbindung. Die ältere Generation, die sich für die Idee einer nordischen Bauernkultur erwärmt hatte usw. schien mir gleichfalls in der Nichtigkeit versunken; die Fortschrittspresse, die sie nunmehr beherrschte, kam mir wie das trübste aller Gewässer vor; ihr eigentümlichstes Werk, die Volkshochschule, die aus der Nähe zu studieren ich Gelegenheit hatte, war für mich eine Schule wie alle anderen, und ihre besten Repräsentanten endeten der eine in unfruchtbarer Skepsis, der andere in markloser Schwärmerei, der dritte in einer Haltlosigkeit, die überlegene Vielseitigkeit und

1 Marie Herzfeld, »Die skandinavische Literatur und ihre Tendenzen«, in: *Wiener Rundschau* vom 1. 8. 1897.

geläutertes Prüfen heuchelte. Ich war absolut einsam; es kam mir vor, als wüchse das Schweigen im Lande, und es kam nichts zwischen Jahr und Tag, das einen durchwärmen konnte. Ich sah keinen Ausweg; ich erwartete auch keinen. Nun ja, inwieweit ich selbst oder die Umstände daran Schuld waren, möchte ich vorläufig dahingestellt sein lassen. – Das war 1888/89.

Zu jener Zeit lernte ich zwei Geister kennen: Poe und Nietzsche. Mit ersterem verbrachte ich eine ganze lange Periode meines Lebens, – wurde frei für etwas, das sicherlich mit dem Besten in mir verbunden war und mich deshalb im besten Sinne produktiv machen konnte, jedoch zugleich hypnotische Macht ausübte und mich wie ein Alp plagte. Ich war frei und fühlte etwas wie eine neue Kraft in mir, eine Kraft, die nicht wußte wohin, eine Kraft, die wohl eigentlich nicht zum Bewußtsein ihrer selbst erwacht war. Da kam Nietzsche.

Ich kann heute den Jubel nicht mehr in Worte fassen, der mich ergriff und bei der Lektüre von ›*Zarathustra*‹ und ›*Genealogie der Moral*‹ erfüllte. Davon können nur mein Artikel über Nietzsche und meine ›Ung Ofegs visor‹, die damals in ein paar Wochen entstanden, ein schwaches Echo vermitteln. Ich wußte nichts über das Leben und die Persönlichkeit des Mannes, nichts über den äußeren Menschen – all das da in der Broschüre wurde nicht in ›*Unsere Zeit*‹ geschrieben, sondern später in ›*Frankf. Zeit.*‹ –; ich ließ mich einfach mit dem ›*Dionysischen*‹ mitreißen und kümmerte mich nicht um ›*wenn und aber*‹.

So viel ist sicher: ich war wieder zu mir selbst gekommen, und zu einem reicheren Ich, als es das alte gewesen. Wie großen Anteil diese Befreiung und Erweckung durch Nietzsche an meinem späteren Leben gehabt hat, kann ich noch nicht so genau sagen; da spielt noch etwas anderes hinein, nämlich das was bewirkt, daß ich jetzt ein glücklicher Ehemann und Vater bin. Aber meine Haltung zu Nietzsche ist und bleibt eine affektiv bedingte.

Heute stehe ich Nietzsche gewiß kritisch gegenüber. Es ist mir mit N. wie mit Strindberg ergangen. Das ist wohl überhaupt meine Natur. Wenn mich etwas ergreift, dann ergreift es mich ganz. Ich genieße den Menschen genau so wie ein besonderes Poem: ich lese es am liebsten laut für mich, und ich lese es wieder und wieder. Später kommt das Erwachen und die Kritik. Und ich glaube, daß ich einmal – und darin liegt keine Überheblichkeit – der schärfste und beste Kritiker Strindbergs und Nietzsches sein werde. Mit Poe ist es etwas anderes, ihm werde ich sicherlich treu sein bis ans Ende meiner Tage, ich kann nichts erkennen, was ihn übertreffen würde. Erinnern Sie sich an die Einleitung zu ›The fall of the house of Usher‹; ein gewöhnlicher trüber Tag, eine gewöhnliche Landschaft und ein gewöhnliches Haus – und gleichzeitig dieses niemals Erklärbare, das die Poesie ist!«[1]

Diese erhellenden Sätze sind geeignet, den hier unternommenen Versuch, das Verhältnis des schwedischen Schriftstellers Ola Hansson zu dem deutschen Dichter und Denker Friedrich Nietzsche zu skizzieren, abzuschließen. Vielleicht ist dabei auch deutlich geworden, daß Ola Hansson, bei aller Begeisterung, keinesfalls zu den Nietzsche-Epigonen zählte. Die Hanssonkennerin und -herausgeberin Emy Ek hat den Unterschied zwischen beiden sehr treffend beschrieben: »Nietzsche sagt: Tu, was du tun willst; Ola Hansson: Tu, was du aus deinen tiefsten Wesensinstinkten heraus tun mußt. Nietzsches ständige Lobgesänge des Willens, des Befreiers und Freudebringers, haben keine Entsprechung bei

---

1 Ola Hansson, *Man skriver om himmelriket...*, a. a. O.

Ola Hansson. Nietzsche ist Aristokrat des Willens, Ola Hansson Aristokrat des Instinkts und faßt auch Nietzsche als solchen auf.«[1]

Bleibt noch kurz nachzutragen, wie es weiterging: Die Abgeschiedenheit in Schliersee hatte ihren Preis, sie isolierte Ola Hansson und Laura Marholm von den intellektuellen Debatten, den Redaktionen, dem Zeitgeist. Die materiellen Schwierigkeiten nahmen zu; die Familie zog nach München. Laura Marholms paranoide Ausbrüche brachten sie in eine psychiatrische Anstalt; nach der Entlassung mußten die Hanssons das Land verlassen. Nun begann ein unstetes Wanderleben: Feldkirch (Vorarlberg), Meudon, Bern, Berlin, Riga, Prag, Mölle, Ragusa (Dubrovnik) und Athen waren einige Stationen. Die literarische Produktivität litt darunter, es fehlten die Beziehungen zu den geistigen Strömungen der Zeit ebenso wie sprachliche Kontakte zur Heimat. 1903 verhöhnt Ola Hansson in dem Aufsatz »Ein französischer Vorgänger Nietzsches« den Comte de Gobineau (1816-1882), dabei kommt er noch einmal auf den »deutschen Professor« zu sprechen. Doch von der alten Bewunderung ist nicht viel geblieben: »(...) ihnen beiden war ihr idealer Rassentypus sehr wenig anzusehen«, heißt es da unter anderem.[2]

Am 26. September 1925 starb Ola Hansson nach kurzer Krankheit in Büyükdere am Bosporus. Hinter ihm lagen 36 Jahre eines selbstgewählten Exils.

1 Emy Ek, *Ola Hansson*, Stockholm 1925, S. 35

2 Ola Hansson, »Ein französischer Vorgänger Nietzsches«, in: *Die Nation* Nr. 45 vom 8. 8. 1903.

EDITORISCHE NOTIZ

»Friedrich Nietzsche. Seine Persönlichkeit und sein System« wurde übersetzt nach: Ola Hansson, *Samlade skrifter*, 17 Bände, Stockholm, Tidens Förlag 1919-1922, Band 10 »Tolkare och siare« (1921), S. 125-174, Originaltitel: »Friedrich Nietzsche

»Friedrich Nietzsche und der Naturalismus« wurde übersetzt nach: Ola Hansson, *Efterlämnade skrifter i urval*, 5 Bände, herausgegeben von Hjalmar Gullberg 1928-1931, Band 4 (1931), S. 99-134, Originaltitel: »Friedrich Nietzsche och naturalismen«

Textstellen, die im Original in deutscher Sprache gehalten sind, wurden kursiv wiedergegeben; Hervorhebungen des Autors gesperrt gedruckt.

Zum Vergleich der Zitate diente die von Karl Schlechta besorgte Ausgabe »Friedrich Nietzsche. Werke in drei Bänden« dritte durchgesehene Auflage, München 1962.